“漫”话

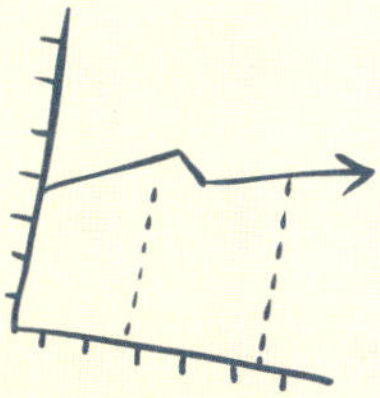

期货和衍生品法

郑州商品交易所
《“漫”话期货和衍生品法》编写组　编

法律出版社 | LAW PRESS
北京

图书在版编目(CIP)数据

"漫"话期货和衍生品法 / 郑州商品交易所《"漫"话期货和衍生品法》编写组编. -- 北京 : 法律出版社, 2022

ISBN 978-7-5197-6916-1

Ⅰ. ①漫… Ⅱ. ①郑… Ⅲ. ①期货交易—证券法—中国—通俗读物 Ⅳ. ①D922.287.5

中国版本图书馆CIP数据核字(2022)第127066号

"漫"话期货和衍生品法
"MAN" HUA QIHUO HE YANSHENGPIN FA

郑州商品交易所《"漫"话期货和衍生品法》编写组 编

策划编辑 邢艳萍
责任编辑 邢艳萍
装帧设计 鲍龙卉

出版发行 法律出版社
编辑统筹 法律应用出版分社
责任校对 蒋 橙
责任印制 刘晓伟
经 销 新华书店

开本 710毫米×1000毫米 1/16
印张 16.5 **字数** 150千
版本 2022年8月第1版
印次 2022年8月第1次印刷
印刷 北京盛通印刷股份有限公司

地址:北京市丰台区莲花池西里7号(100073)
网址:www.lawpress.com.cn
投稿邮箱:info@lawpress.com.cn
举报盗版邮箱:jbwq@lawpress.com.cn

销售电话:010-83938349
客服电话:010-83938350
咨询电话:010-63939796

书号:ISBN 978-7-5197-6916-1
定价:98.00元

凡购买本社图书,如有印装错误,我社负责退换。电话:010-83938349

《“漫”话期货和衍生品法》
编写组

组　　长：张　志

副组长：申　璞　牛文静　王静静

成　　员：（按撰写章节排序）

汪　楠　汪旭东　多绥婷　管玉箫
王怡娜　申少丽　巩慧敏　王　冰

协同创作：

臧家珩　马晓婉　李　通　刘　璐
郭　琪　张一帆

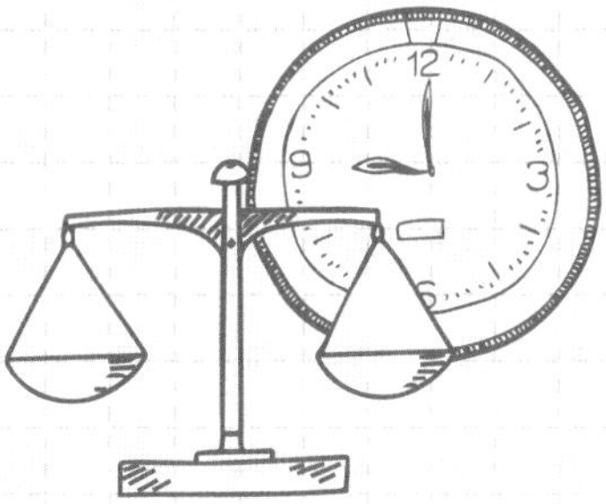

序

2022年4月20日，第十三届全国人民代表大会常务委员会第三十四次会议表决通过了《期货和衍生品法》，于2022年8月1日起实施。这是我国期货和衍生品市场发展的重要里程碑，标志着我国期货和衍生品市场的法治建设进入了崭新的阶段。《期货和衍生品法》的出台意义重大，体现了党和国家对期货和衍生品市场的肯定和期待，将为期货和衍生品市场的高质量发展奠定坚实的法律基础，带来新的发展机遇。

郑州商品交易所（以下简称郑商所）成立于1990年10月12日，是我国首个引入期货交易机制的期货交易场所。三十多年来，郑商所坚持贯彻落实党中央、证监会党委决策部署，紧紧围绕服务国家战略和实体经济，发挥期货市场功能，服务经济社会高质量发展，同时积极参加期货立法，为中国期货市场的法治化贡献力量。《期货和衍生品法》出台后，郑商所党委高度重视，通过多种形式组织学习、贯彻和宣传，取得了良好效果。

本书通过图文并茂的形式，将较为专业的法律条文图像化、具体化，对《期货和衍生品法》逐条进行解读。其中既有编写者对法律条文的理解，又有在理解的基础上以较为形象和通俗的方式去表达和转化的过程，是一本普及《期货和衍生品法》的创新之作。希望本书能够为期货和衍生品市场从业者、参与者学习和了解《期货和衍生品法》提供一个轻松读本，读者看到一个个插图时会心一笑，就已经对一项项法律制度了然于心。郑商所法律部门和相关业务部门的年轻同志为此书出版付出了大量心血、贡献了大量创意，希望本书能够为《期货和衍生品法》的宣传普及以及期货交易者教育略尽绵薄之力。

郑州商品交易所党委书记、理事长

熊军

2022年8月1日

Contents

目 录

第一章 总 则 005
第二章 期货交易和衍生品交易 031
第一节 一般规定 033
第二节 期货交易 052
第三节 衍生品交易 072
第三章 期货结算与交割 087
第四章 期货交易者 111
第五章 期货经营机构 125
第六章 期货交易场所 159
第七章 期货结算机构 181
第八章 期货服务机构 193
第九章 期货业协会 203
第十章 监督管理 209
第十一章 跨境交易与监管协作 231
第十二章 法律责任 247
第十三章 附则 255
后 记 258

2022 年 4 月 20 日

《中华人民共和国期货和衍生品法》通过！

自 2022 年 8 月 1 日起施行

期货和衍生品法的
诞生可是件大事，
且听我慢慢道来~

期货和衍生品法的“前世今生”

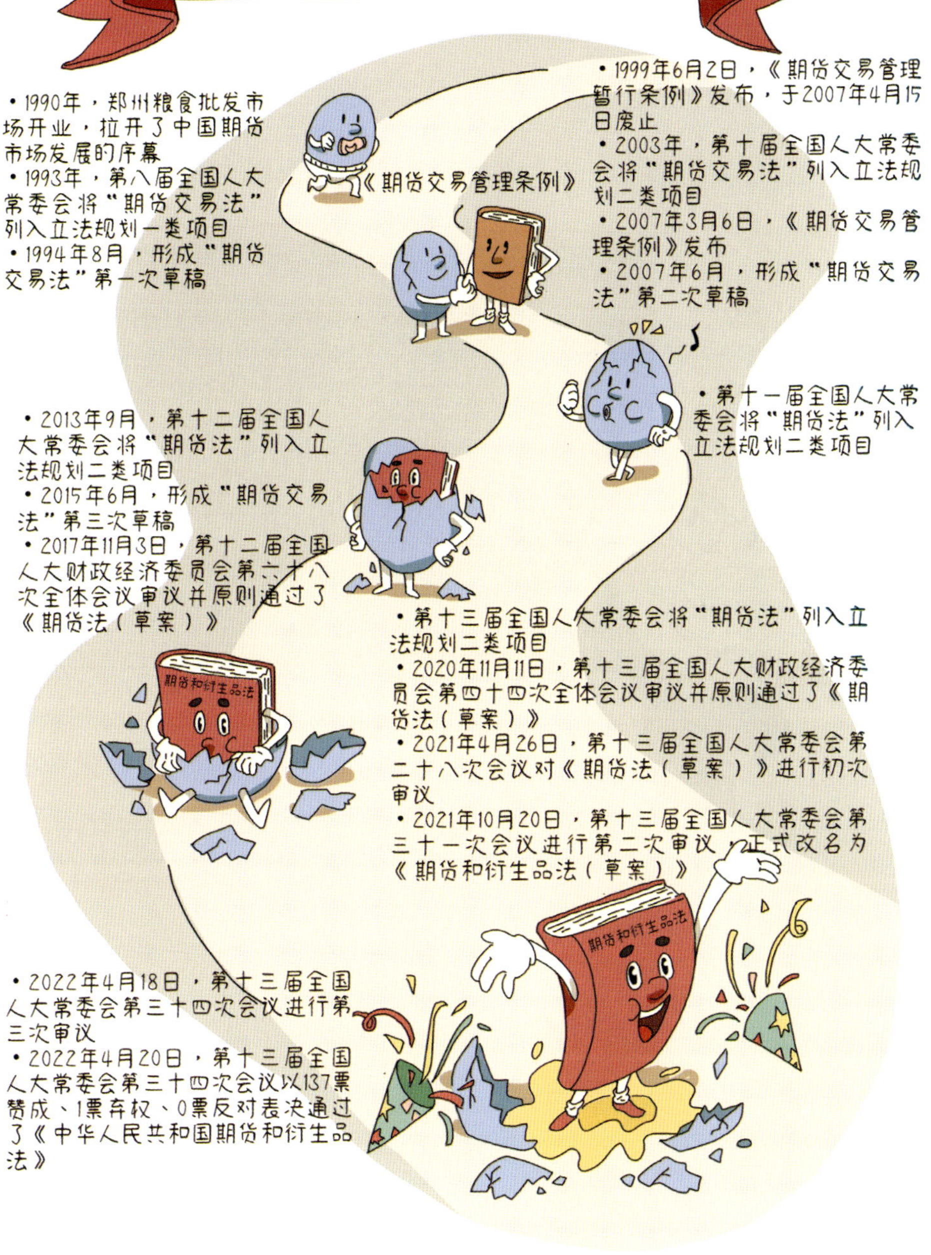

下面我们一起来
逐条学习吧！
期货和衍生品法主要内容
（一）明确立法宗旨、原则和监管体制
（二）规定期货和衍生品交易的基本制度
（三）规定期货结算与交割制度
（四）确立期货交易者权益保护制度
（五）规范期货经营机构、期货交易场所、期货结算机构和期货服务机构的运行
（六）明确期货市场的监督管理
（七）对跨境管辖与协作作出原则性规定
（八）明确期货市场各类违法行为的法律责任

第一章 总 则

第一条【立法宗旨】

为了规范期货交易和衍生品交易行为，保障各方合法权益，维护市场秩序和社会公共利益，促进期货市场和衍生品市场服务国民经济，防范化解金融风险，维护国家经济安全，制定本法。

制定期货和衍生品法是贯彻落实党中央决策部署的重要举措

2017 年全国金融工作会议明确提出，要引导期货市场健康发展，加快制定期货法。

十九届四中全会提出，要加强资本市场基础制度建设，健全具有高度适应性、竞争力、普惠性的现代金融体系，有效防范化解金融风险。

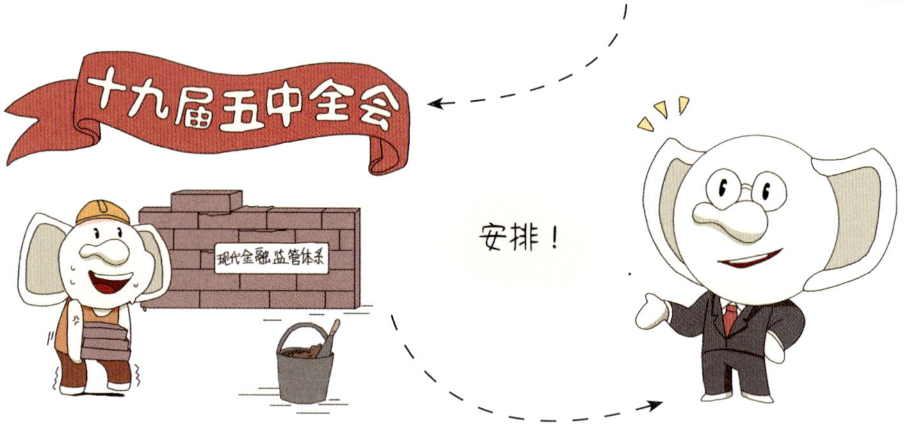

十九届五中全会强调，完善现代金融监管体系，提高金融监管透明度和法治化水平。

中央全面深化改革委员会将制定出台期货法列为重大改革任务；中央全面依法治国委员会将制定期货法作为一项重点工作进行部署。

制定期货和衍生品法是提升期货市场服务实体经济能力的内在要求

服务实体经济是期货市场的初心和使命。

期货和衍生品法的出台有助于完善期货品种上市机制，完善期货市场规则制度，规范引导交易者公正、公平、有序参与期货市场，激发市场活力。

制定期货和衍生品法是维护国家金融安全的重要保障

经过30余年的发展，我国期货市场风险防控体系逐步加强。

期货和衍生品法的出台，能够进一步完善期货市场风险控制制度，夯实市场稳定运行的基础，维护国家金融安全。

制定期货和衍生品法是通过期货市场促进国内国际双循环的客观需要

近年来，我国期货市场加快对外开放，一方面，精对苯二甲酸期货、原油期货、铁矿石期货等境内特定品种引入境外交易者；另一方面，出台措施助力境内机构走出去。

期货市场双向开放格局正在拓展深化，需要期货和衍生品法规范期货市场对外开放的路径、跨境监管等，提升期货市场国际化水平。

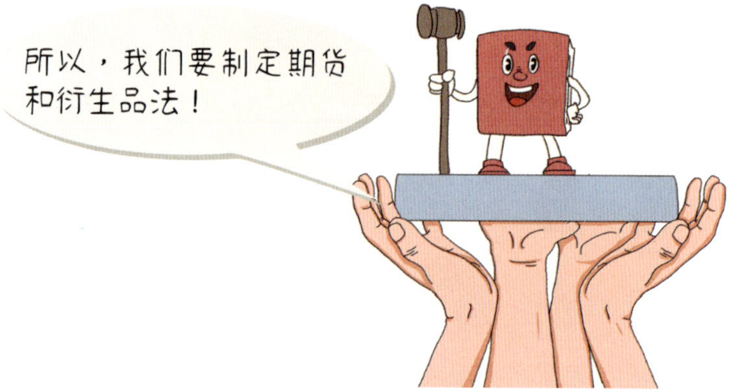

第二条【适用范围】

在中华人民共和国境内，期货交易和衍生品交易及相关活动，适用本法。

在中华人民共和国境外的期货交易和衍生品交易及相关活动，扰乱中华人民共和国境内市场秩序，损害境内交易者合法权益的，依照本法有关规定处理并追究法律责任。

期货和衍生品法规范的对象是期货交易和其他衍生品交易，并具有域外适用效力。

第三条【期货交易和衍生品交易的定义】

本法所称期货交易，是指以期货合约或者标准化期权合约为交易标的的交易活动。

本法所称衍生品交易，是指期货交易以外的，以互换合约、远期合约和非标准化期权合约及其组合为交易标的的交易活动。

本法所称期货合约，是指期货交易场所统一制定的、约定在将来某一特定的时间和地点交割一定数量标的物的标准化合约。

本法所称期权合约，是指约定买方有权在将来某一时间以特定价格买入或者卖出约定标的物（包括期货合约）的标准化或非标准化合约。

本法所称互换合约，是指约定在将来某一特定时间内相互交换特定标的物的金融合约。

本法所称远期合约，是指期货合约以外的，约定在将来某一特定的时间和地点交割一定数量标的物的金融合约。

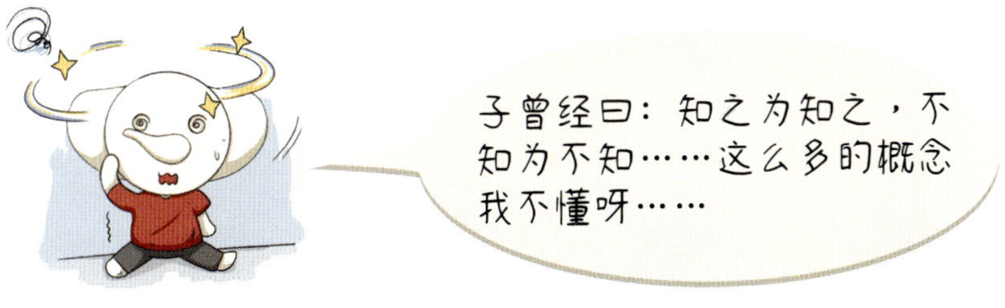

交易品种	白砂糖（简称“白糖”）
交易单位	10吨/手
报价单位	元（人民币）/吨
最小变动价位	1元/吨
每日价格波动限制	上一交易日结算价±4%及《郑州商品交易所期货交易风险控制管理办法》相关规定
合约交割月份	1、3、5、7、9、11月
交易时间	每周一至周五（北京时间 法定节假日除外） 上午9：00-11：30，下午1：30-3：00及交易所规定的其他交易时间
最后交易日	合约交割月份的第10个交易日
最后交割日	合约交割月份的第13个交易日
交割品级	见《郑州商品交易所期货交割细则》
交割地点	交易所指定交割仓库
最低交易保证金	合约价值的5%
交割方式	实物交割
交易代码	SR
上市交易所	郑州商品交易所

来源：《郑州商品交易所白糖期货合约》。

期货合约由期货交易场所统一制定，除价格以外，其他条款信息固定，会载明交易品种、交易单位、报价单位等信息，以便买卖双方成交。

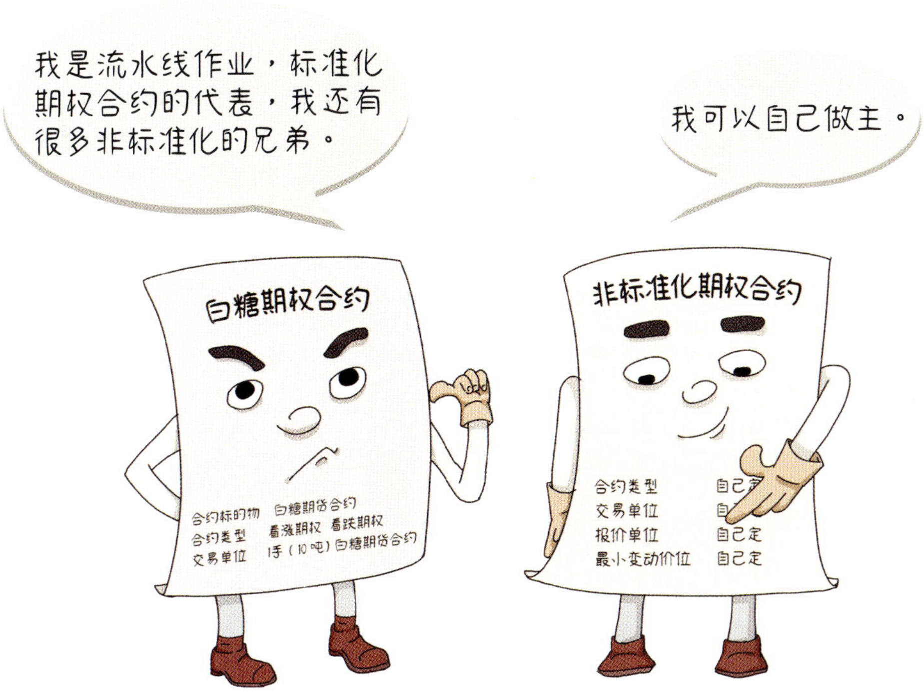

期权合约是买方支付一定数额的权利金后获得相应选择权的合约。买方支付权利金后，可以选择将来以某种价格买入或卖出标的期货合约、证券或商品等，也可以选择放弃行权。

期货交易，从形式上看，是以期货合约或者标准化期权合约为交易标的的交易活动，从实质上看，是对价格变动风险的交易。这与以商品为标的的现货交易有本质不同。

互换合约、远期合约和非标准化期权合约及其组合，连同期货合约、标准化期权合约，都是金融合约，其价值取决于基础资产或指数的价值变动。这与以商品、服务、有价证券、指数等为交易标的的现货交易有较大不同。

互换

金融领域的互换通常是指两个或两个以上的当事人在将来交换一系列现金流的协议。通常，互换协议要确定支付现金流的日期以及现金流的计算方法。按照标的资产的不同，互换可以分为利率互换、货币互换、商品互换等。

远期

这里所说的远期，是指除了场内期货合约以外，在将来某一特定时刻以约定价格买入或者卖出某一产品的金融合约。按照标的资产的不同，远期合约可以分为利率远期、外汇远期和商品远期等。

第四条【期货市场的功能】

国家支持期货市场健康发展，发挥发现价格、管理风险、配置资源的功能。

国家鼓励利用期货市场和衍生品市场从事套期保值等风险管理活动。

国家采取措施推动农产品期货市场和衍生品市场发展，引导国内农产品生产经营。

本法所称套期保值，是指交易者为管理因其资产、负债等价值变化产生的风险而达成与上述资产、负债等基本吻合的期货交易和衍生品交易的活动。

姓名：期货市场

性别：英俊小生

年龄：三十有余

特长：发现价格、管理风险、配置资源

期货市场聚集众多不同类别的买方和卖方，通过集中公开竞价的方式开展交易，形成综合反映各类市场信息的、公开透明的价格。

套期保值，简单来讲就是"担心什么，就通过期货市场做什么"。

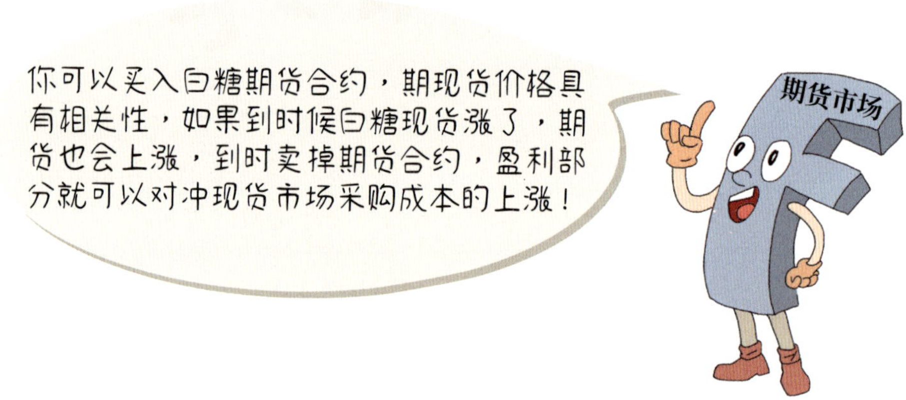

基于期货市场的上述功能，国家支持期货市场健康发展。

第五条【限制过度投机】

期货市场和衍生品市场应当建立和完善风险的监测监控与化解处置制度机制，依法限制过度投机行为，防范市场系统性风险。

第六条【基本原则】

期货交易和衍生品交易活动，应当遵守法律、行政法规和国家有关规定，遵循公开、公平、公正的原则，禁止欺诈、操纵市场和内幕交易的行为。

第七条【平等地位和交易原则】

参与期货交易和衍生品交易活动的各方具有平等的法律地位，应当遵守自愿、有偿、诚实信用的原则。

第八条【监管体制】

国务院期货监督管理机构依法对全国期货市场实行集中统一监督管理。国务院对利率、汇率期货的监督管理另有规定的，适用其规定。

衍生品市场由国务院期货监督管理机构或者国务院授权的部门按照职责分工实行监督管理。

第九条［自律管理］

期货和衍生品行业协会依法实行自律管理。

第十条［审计监督］

国家审计机关依法对期货经营机构、期货交易场所、期货结算机构、国务院期货监督管理机构进行审计监督。

第二章　期货交易和衍生品交易

第一节　一般规定

第十一条【交易场所和方式】

期货交易应当在依法设立的期货交易所或者国务院期货监督管理机构依法批准组织开展期货交易的其他期货交易场所（以下统称期货交易场所），采用公开的集中交易方式或者国务院期货监督管理机构批准的其他方式进行。

禁止在期货交易场所之外进行期货交易。

衍生品交易，可以采用协议交易或者国务院规定的其他交易方式进行。

【法律责任】第一百三十六条　违反本法第十一条、第八十条、第九十二条规定，非法设立期货交易场所、期货结算机构，或者以其他形式组织期货交易的，没收违法所得，并处以违法所得一倍以上十倍以下的罚款；没有违法所得或者违法所得不足一百万元的，处以一百万元以上一千万元以下的罚款。对直接负责的主管人员和其他直接责任人员给予警告，并处以二十万元以上二百万元以下的罚款。非法设立期货交易场所的，由县级以上人民政府予以取缔。

违反本法第三十条规定，未经批准组织开展衍生品交易的，或者金融机构违反本法第三十一条规定，未经批准、核准开展衍生品交易的，依照前款规定处罚。

期货交易应当在依法设立的期货交易所或者国务院期货监督管理机构依法批准组织开展期货交易的其他期货交易场所进行，目前包括上海期货交易所、郑州商品交易所、大连商品交易所、中国金融期货交易所、广州期货交易所、上海证券交易所、深圳证券交易所。

禁止在期货交易场所之外进行期货交易。

是否采取集中交易是区分期货交易与场外衍生品交易的核心要素，集中交易又以集合竞价、连续竞价、电子撮合、匿名交易、做市交易等交易方式为特点。

本法所称的衍生品交易，主要采用"一对一"协议转让或者"一对多"挂牌交易等非集中交易方式进行。

第十二条【禁止操纵期货市场】

任何单位和个人不得操纵期货市场或者衍生品市场。

禁止以下列手段操纵期货市场，影响或者意图影响期货交易价格或者期货交易量：

（一）单独或者合谋，集中资金优势、持仓优势或者利用信息优势联合或者连续买卖合约；

（二）与他人串通，以事先约定的时间、价格和方式相互进行期货交易；

（三）在自己实际控制的账户之间进行期货交易；

（四）利用虚假或者不确定的重大信息，诱导交易者进行期货交易；

（五）不以成交为目的，频繁或者大量申报并撤销申报；

（六）对相关期货交易或者合约标的物的交易作出公开评价、预测或者投资建议，并进行反向操作或者相关操作；

（七）为影响期货市场行情囤积现货；

（八）在交割月或者临近交割月，利用不正当手段规避持仓限额，形成持仓优势；

（九）利用在相关市场的活动操纵期货市场；

（十）操纵期货市场的其他手段。

【法律责任】第一百二十五条 违反本法第十二条的规定，操纵期货市场或者衍生品市场的，责令改正，没收违法所得，并处以违法所得一倍以上十倍以下的罚款；没有违法所得或者违法所得不足一百万元的，处以一百万元以上一千万元以下的罚款。单位操纵市场的，还应当对直接负责的主管人员和其他直接责任人员给予警告，并处以五十万元以上五百万元以下的罚款。

操纵市场行为给交易者造成损失的，应当依法承担赔偿责任。

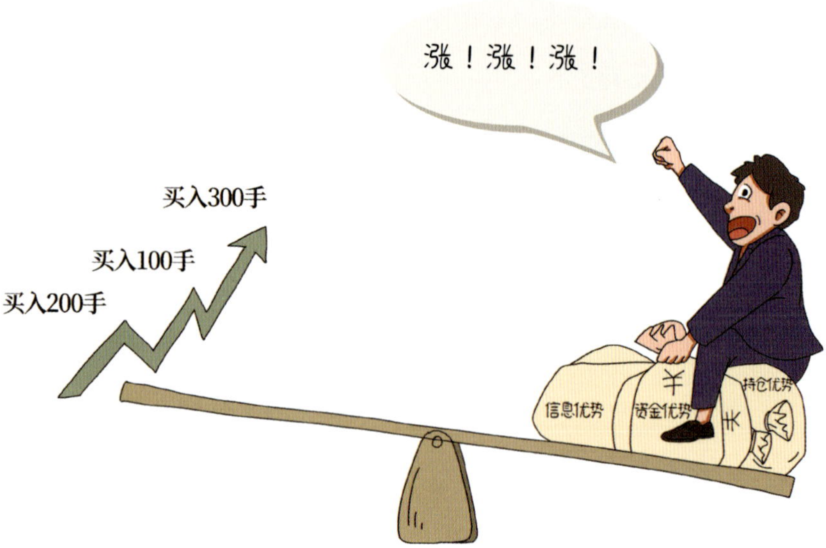

单独或者合谋，集中资金优势、持仓优势或者利用信息优势联合或者连续买卖合约，又称“连续交易”操纵。

与他人串通，以事先约定的时间、价格和方式相互进行期货交易，又称"对倒"操纵。

在自己实际控制的账户之间进行期货交易，又称"自成交"操纵。

利用虚假或者不确定的重大信息，诱导交易者进行期货交易，又称“蛊惑”操纵。

不以成交为目的，频繁或者大量申报并撤销申报，又称“虚假申报”操纵。

对相关期货交易或者合约标的物的交易作出公开评价、预测或者投资建议，并进行反向操作或者相关操作，又称“抢帽子”操纵。

为影响期货市场行情囤积现货，又称“囤积现货”操纵。

在交割月或者临近交割月，利用不正当手段规避持仓限额，形成持仓优势，又称“挤仓”操纵。

利用在相关市场的活动操纵期货市场，又称“跨市场”操纵。

操纵期货市场的其他手段。

第十三条【禁止内幕交易】

期货交易和衍生品交易的内幕信息的知情人和非法获取内幕信息的人，在内幕信息公开前不得从事相关期货交易或者衍生品交易，明示、暗示他人从事与内幕信息有关的期货交易或者衍生品交易，或者泄露内幕信息。

【法律责任】第一百二十六条 违反本法第十三条的规定从事内幕交易的，责令改正，没收违法所得，并处以违法所得一倍以上十倍以下的罚款；没有违法所得或者违法所得不足五十万元的，处以五十万元以上五百万元以下的罚款。单位从事内幕交易的，还应当对直接负责的主管人员和其他直接责任人员给予警告，并处以二十万元以上二百万元以下的罚款。

国务院期货监督管理机构、国务院授权的部门、期货交易场所、期货结算机构的工作人员从事内幕交易的，从重处罚。

内幕交易行为给交易者造成损失的，应当依法承担赔偿责任。

第十四条［内幕信息］

本法所称内幕信息，是指可能对期货交易或者衍生品交易的交易价格产生重大影响的尚未公开的信息。

期货交易的内幕信息包括：

（一）国务院期货监督管理机构以及其他相关部门正在制定或者尚未发布的对期货交易价格可能产生重大影响的政策、信息或者数据；

（二）期货交易场所、期货结算机构作出的可能对期货交易价格产生重大影响的决定；

（三）期货交易场所会员、交易者的资金和交易动向；

（四）相关市场中的重大异常交易信息；

（五）国务院期货监督管理机构规定的对期货交易价格有重大影响的其他信息。

国务院期货监督管理机构以及其他相关部门正在制定或者尚未发布的对期货交易价格可能产生重大影响的政策、信息或者数据。

期货交易场所、期货结算机构作出的可能对期货交易价格产生重大影响的决定。

期货交易场所会员、交易者的资金和交易动向。

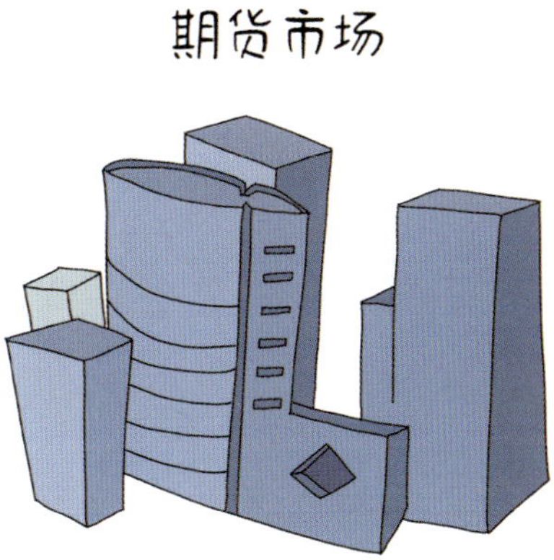

相关市场中的重大异常交易信息。

国务院期货监督管理机构规定的对期货交易价格有重大影响的其他信息。

第十五条【内幕信息知情人】

本法所称内幕信息的知情人，是指由于经营地位、管理地位、监督地位或者职务便利等，能够接触或者获得内幕信息的单位和个人。

期货交易的内幕信息的知情人包括：

（一）期货经营机构、期货交易场所、期货结算机构、期货服务机构的有关人员；

（二）国务院期货监督管理机构和其他有关部门的工作人员；

（三）国务院期货监督管理机构规定的可以获取内幕信息的其他单位和个人。

第十六条【禁止编造、传播虚假信息或者误导性信息】

禁止任何单位和个人编造、传播虚假信息或者误导性信息，扰乱期货市场和衍生品市场。

禁止期货经营机构、期货交易场所、期货结算机构、期货服务机构及其从业人员，组织、开展衍生品交易的场所、机构及其从业人员，期货和衍生品行业协会、国务院期货监督管理机构、国务院授权的部门及其工作人员，在期货交易和衍生品交易及相关活动中作出虚假陈述或者信息误导。

各种传播媒介传播期货市场和衍生品市场信息应当真实、客观，禁止误导。传播媒介及其从事期货市场和衍生品市场信息报道的工作人员不得从事与其工作职责发生利益冲突的期货交易和衍生品交易及相关活动。

【法律责任】第一百二十七条 违反本法第十六条第一款、第三款的规定，编造、传播虚假信息或者误导性信息，扰乱期货市场、衍生品市场的，没收违法所得，并处以违法所得一倍以上十倍以下的罚款；没有违法所得或者违法所得不足二十万元的，处以二十万元以上二百万元以下的罚款。对直接负责的主管人员和其他直接责任人员给予警告，并处以十万元以上一百万元以下的罚款。

违反本法第十六条第二款的规定，在期货交易、衍生品交易活动中作出虚假陈述或者信息误导的，责令改正，处以二十万元以上二百万元以下的罚款；属于国家工作人员的，还应当依法给予处分。

传播媒介及其从事期货市场、衍生品市场信息报道的工作人员违反本法第十六条第三款的规定，从事与其工作职责发生利益冲突的期货交易、衍生品交易的，没收违法所得，并处以违法所得一倍以下的罚款，没有违法所得或者违法所得不足十万元的，处以十万元以下的罚款。

编造、传播有关期货交易、衍生品交易的虚假信息，或者在期货交易、衍生品交易中作出信息误导，给交易者造成损失的，应当依法承担赔偿责任。

禁止任何单位和个人编造、传播虚假信息或者误导性信息，扰乱期货市场和衍生品市场。

禁止期货经营机构、期货交易场所、期货结算机构、期货服务机构及其从业人员，组织、开展衍生品交易的场所、机构及其从业人员，期货和衍生品行业协会、国务院期货监督管理机构、国务院授权的部门及其工作人员，在期货交易和衍生品交易及相关活动中作出虚假陈述或者信息误导。

各种传播媒介传播期货市场和衍生品市场信息应当真实、客观，禁止误导。传播媒介及其从事期货市场和衍生品市场信息报道的工作人员不得从事与其工作职责发生利益冲突的期货交易和衍生品交易及相关活动。

第二节 期货交易

第十七条【品种上市注册制】

期货合约品种和标准化期权合约品种的上市应当符合国务院期货监督管理机构的规定，由期货交易场所依法报经国务院期货监督管理机构注册。

期货合约品种和标准化期权合约品种的中止上市、恢复上市、终止上市应当符合国务院期货监督管理机构的规定，由期货交易场所决定并向国务院期货监督管理机构备案。

期货合约品种和标准化期权合约品种应当具有经济价值，合约不易被操纵，符合社会公共利益。

【法律责任】第一百三十七条 期货交易场所、期货结算机构违反本法第十七条、第四十条、第八十五条第二款规定的，责令改正，给予警告，没收违法所得，并处以违法所得一倍以上十倍以下的罚款；没有违法所得或者违法所得不足二十万元的，处以二十万元以上二百万元以下的罚款；情节严重的，责令停业整顿。对直接负责的主管人员和其他直接责任人员处以五万元以上五十万元以下的罚款。

期货期权品种上市从联合审批制到注册备案制，不仅创新了监管方式，而且促进了公平竞争。除上市注册外，品种的中止、恢复和终止上市都需要向国务院期货监督管理机构备案。

第十八条【账户实名制】

期货交易实行账户实名制。交易者进行期货交易的，应当持有证明身份的合法证件，以本人名义申请开立账户。

任何单位和个人不得违反规定，出借自己的期货账户或者借用他人的期货账户从事期货交易。

【法律责任】第一百二十八条 违反本法第十八条第二款的规定，出借自己的期货账户或者借用他人的期货账户从事期货交易的，责令改正，给予警告，可以处五十万元以下的罚款。

账户实名制是期货市场的基础制度之一，是穿透式监管的基础。

第十九条【会员交易】

在期货交易场所进行期货交易的，应当是期货交易场所会员或者符合国务院期货监督管理机构规定的其他参与者。

第二十条【交易指令】

交易者委托期货经营机构进行交易的，可以通过书面、电话、自助终端、网络等方式下达交易指令。交易指令应当明确、具体、全面。

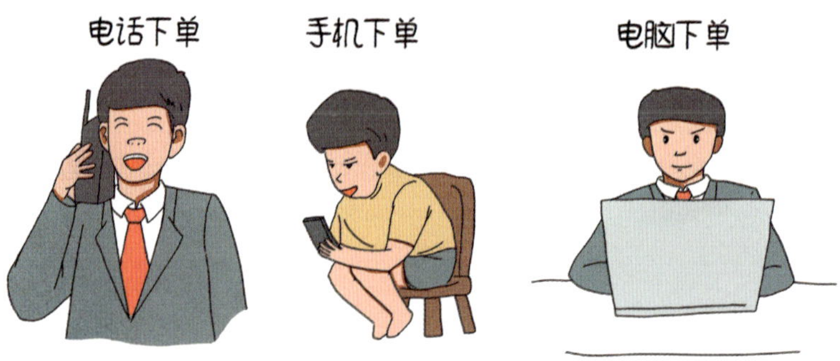

第二十一条【程序化交易】

通过计算机程序自动生成或者下达交易指令进行程序化交易的，应当符合国务院期货监督管理机构的规定，并向期货交易场所报告，不得影响期货交易场所系统安全或者正常交易秩序。

【法律责任】第一百二十九条 违反本法第二十一条的规定，采取程序化交易影响期货交易场所系统安全或者正常交易秩序的，责令改正，并处以五十万元以上五百万元以下的罚款。对直接负责的主管人员和其他直接责任人员给予警告，并处以十万元以上一百万元以下的罚款。

我可以和时间赛跑，躲过岁月这把杀猪刀，但无法躲过合规监管。
期货交易场所
技能卡
特技：高频、快速、程序化

第二十二条【保证金制度】

期货交易实行保证金制度，期货结算机构向结算参与人收取保证金，结算参与人向交易者收取保证金。保证金用于结算和履约保障。

保证金的形式包括现金，国债、股票、基金份额、标准仓单等流动性强的有价证券，以及国务院期货监督管理机构规定的其他财产。以有价证券等作为保证金的，可以依法通过质押等具有履约保障功能的方式进行。

期货结算机构、结算参与人收取的保证金的形式、比例等应当符合国务院期货监督管理机构的规定。

交易者进行标准化期权合约交易的，卖方应当缴纳保证金，买方应当支付权利金。

前款所称权利金是指买方支付的用于购买标准化期权合约的资金。

期货保证金制度是期货交易中最重要的制度之一，其主要目的在于结算和履约保障。

保证金一般是合约价值的一定比例，可以让交易者以比较少的资金参与期货交易。

保证金的形式多种多样，现金，国债、股票、标准仓单等流动性强的有价证券，以及国务院期货监督管理机构规定的其他财产，都可以作为保证金。

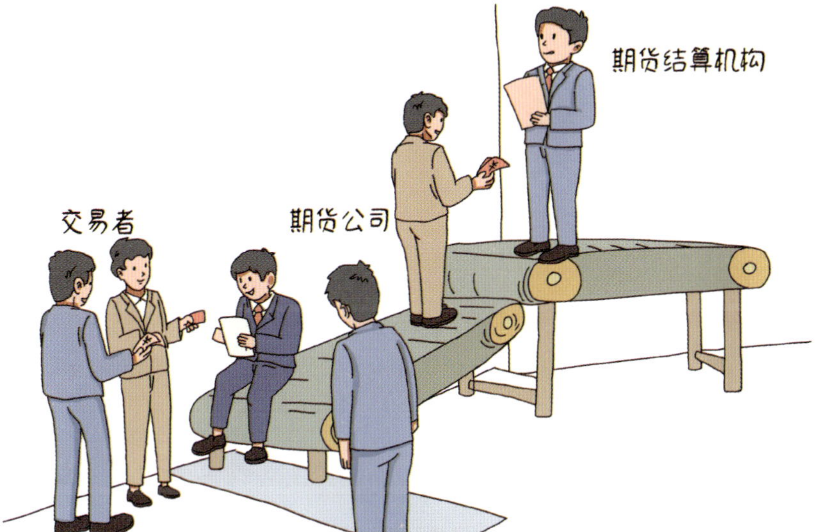

保证金的收取分为两层，一是期货结算机构向结算参与人收取保证金，二是结算参与人向交易者收取保证金。

那期权权利金是什么呢？听起来很复杂，实际上类似于我们生活中接触到的保险~

我一个月后想买入一张期货合约，但是我担心它涨价！

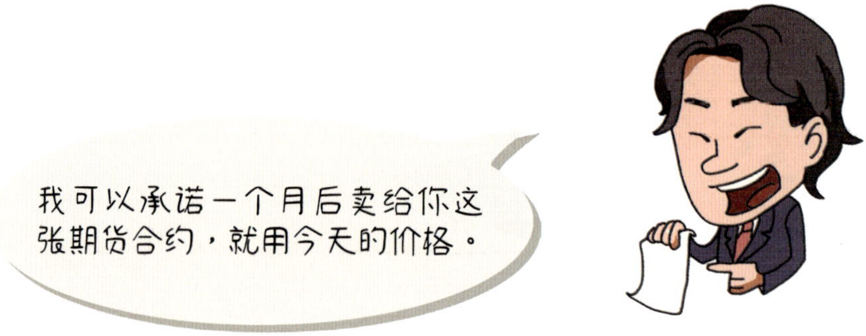
我可以承诺一个月后卖给你这张期货合约，就用今天的价格。

如前所述，期权就是未来的选择权利，期权的买方必须向卖方支付一定的权利金，以获取对未来的选择权。期权到期时，买方可以选择行权或者放弃行权。

第二十三条【持仓限额制度】

期货交易实行持仓限额制度，防范合约持仓过度集中的风险。

从事套期保值等风险管理活动的，可以申请持仓限额豁免。

持仓限额、套期保值的管理办法由国务院期货监督管理机构制定。

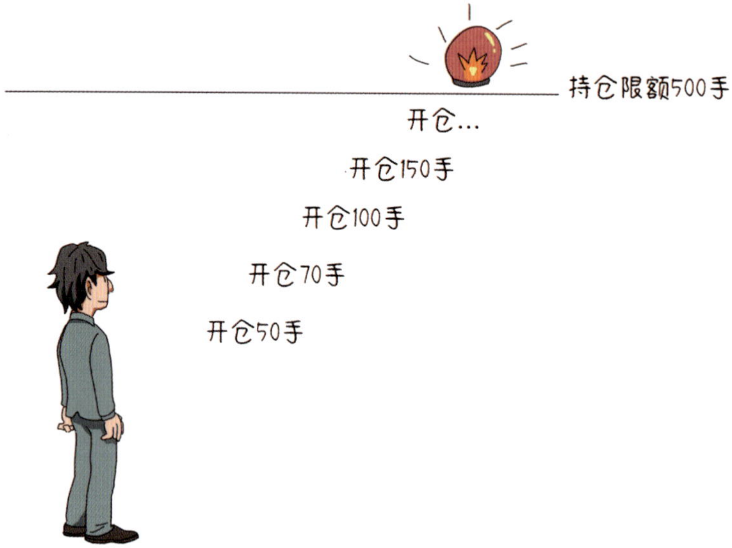

持仓限额制度，是指交易所规定非期货公司会员或客户可以持有的，按单边计算的某一合约投机头寸的最大数额。

套期保值交易实行审批制，可向交易所申请豁免持仓限额。

第二十四条［实控关系报备制度］

期货交易实行交易者实际控制关系报备管理制度。交易者应当按照国务院期货监督管理机构的规定向期货经营机构或者期货交易场所报备实际控制关系。

实际控制关系报备管理制度是当前期货市场有效防范风险、打击违法违规行为、强化市场监管的重要手段之一。

第二十五条【期货交易的收费】

期货交易的收费应当合理，收费项目、收费标准和管理办法应当公开。

第二十六条【交易最终性】

依照期货交易场所依法制定的业务规则进行的交易，不得改变其交易结果，本法第八十九条第二款规定的除外。

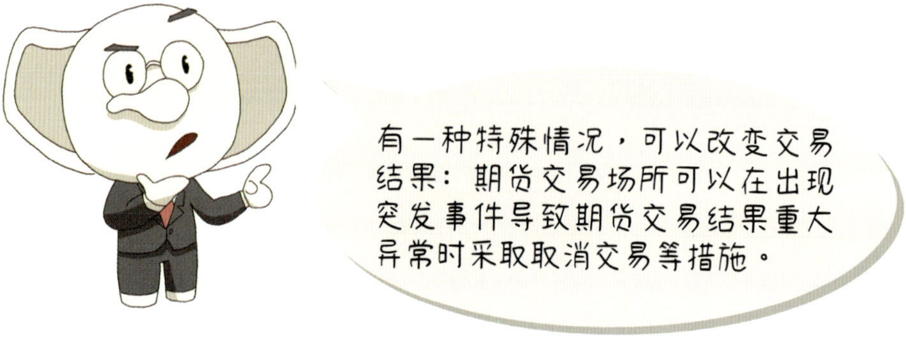

第二十七条【重大事项报告】

期货交易场所会员和交易者应当按照国务院期货监督管理机构的规定，报告有关交易、持仓、保证金等重大事项。

【法律责任】第一百三十条 违反本法第二十七条规定，未报告有关重大事项的，责令改正，给予警告，可以处一百万元以下的罚款。

第二十八条【不得违规使用信贷资金、财政资金】

任何单位和个人不得违规使用信贷资金、财政资金进行期货交易。

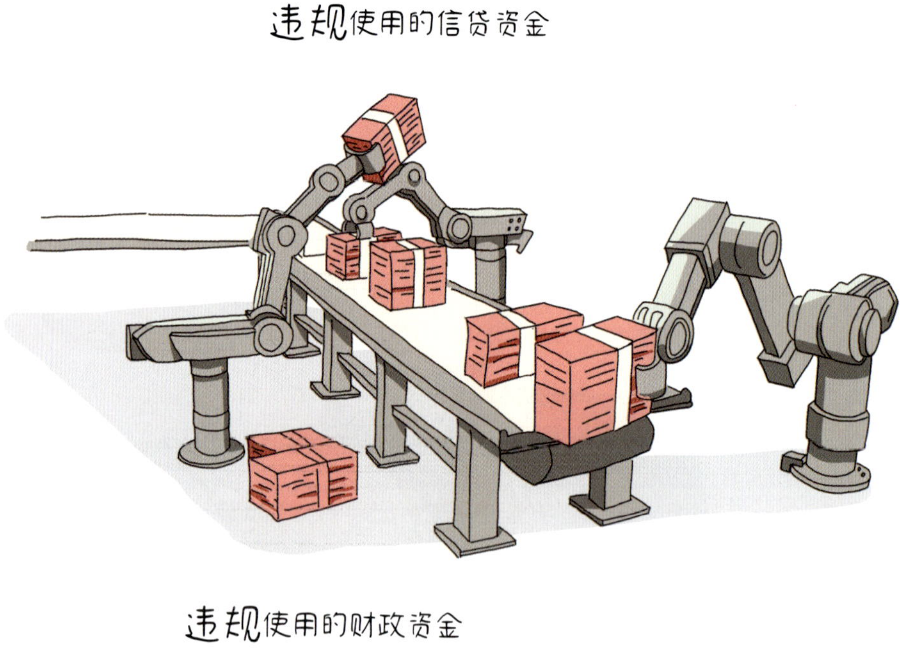

第二十九条【报告义务】

期货经营机构、期货交易场所、期货结算机构、期货服务机构等机构及其从业人员对发现的禁止的交易行为，应当及时向国务院期货监督管理机构报告。

第三节 衍生品交易

第三十条【衍生品交易】

依法设立的场所，经国务院授权的部门或者国务院期货监督管理机构审批，可以组织开展衍生品交易。

组织开展衍生品交易的场所制定的交易规则，应当公平保护交易参与各方合法权益和防范市场风险，并报国务院授权的部门或者国务院期货监督管理机构批准。

【法律责任】第一百三十六条 违反本法第十一条、第八十条、第九十二条规定，非法设立期货交易场所、期货结算机构，或者以其他形式组织期货交易的，没收违法所得，并处以违法所得一倍以上十倍以下的罚款；没有违法所得或者违法所得不足一百万元的，处以一百万元以上一千万元以下的罚款。对直接负责的主管人员和其他直接责任人员给予警告，并处以二十万元以上二百万元以下的罚款。非法设立期货交易场所的，由县级以上人民政府予以取缔。

违反本法第三十条规定，未经批准组织开展衍生品交易的，或者金融机构违反本法第三十一条规定，未经批准、核准开展衍生品交易的，依照前款规定处罚。

近年来，我国场外衍生品发展迅速，标的和参与主体逐渐多样化，为保护参与各方的合法权益、建立通用的衍生品市场交易标准和原则，场外衍生品市场推出了不同类型的主协议，包括中国银行间市场交易商协会(NAFMII)主协议、中国证券期货市场(SAC)主协议和国际掉期与衍生品工具协会(ISDA)主协议。

衍生品交易市场的多样化不仅体现在产品上，也体现在交易场所、参与主体、监管主体和交易规则上。分散的衍生品市场看着不起眼，加起来的体量可是十分可观的哦！

期货和衍生品法规定了衍生品市场的统一监管机制，只有在依法设立的场所，经国务院授权的部门或者国务院期货监督管理机构审批，才能组织开展衍生品交易。

一个个来。
期货和衍生品法

来呀!来呀!来呀!
走过路过不要错过!
3个市场3个规则,
也不知道安不安
全。怎么选?

放心吧，这些场所的交易规则都必须经过国务院授权的部门或者国务院期货监督管理机构批准。要公平保护交易参与各方合法权益和防范市场风险~
期货和衍生品法

第三十一条【金融机构开展衍生品交易业务】

金融机构开展衍生品交易业务，应当依法经过批准或者核准，履行交易者适当性管理义务，并应当遵守国家有关监督管理规定。

【法律责任】第一百三十六条第二款 违反本法第三十条规定，未经批准组织开展衍生品交易的，或者金融机构违反本法第三十一条规定，未经批准、核准开展衍生品交易的，依照前款规定处罚。

第三十二条【单一协议规则】

衍生品交易采用主协议方式的，主协议、主协议项下的全部补充协议以及交易双方就各项具体交易作出的约定等，共同构成交易双方之间一个完整的单一协议，具有法律约束力。

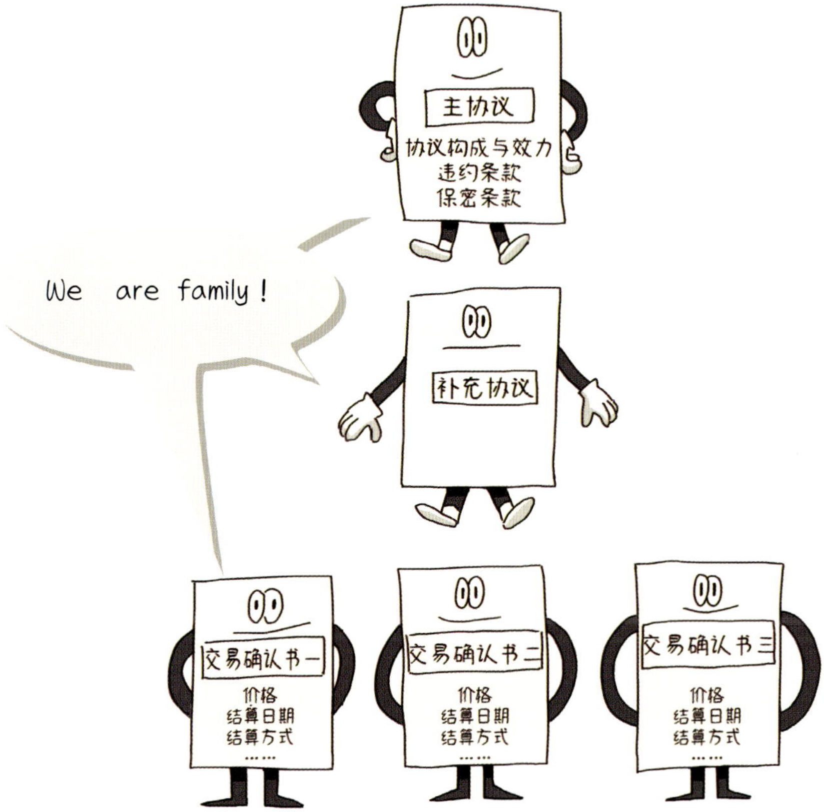

一般民事交易中，合同之间是相互独立的。

衍生品交易中，主协议项下的全部补充协议以及交易双方就各项具体交易作出的补充约定和交易确认书等，共同构成交易双方之间一个完整的单一协议。

第三十三条【主协议备案】

本法第三十二条规定的主协议等合同范本，应当按照国务院授权的部门或者国务院期货监督管理机构的规定报送备案。

第三十四条【履约保障】

进行衍生品交易，可以依法通过质押等方式提供履约保障。

在衍生品交易中，以质押等方式提供履约保障，可以为交易增信，降低信用风险。本条规定的"等"，为所有权转移、让与担保等为衍生品交易提供履约保障的其他方式预留了空间。

第三十五条【终止净额结算】

依法采用主协议方式从事衍生品交易的，发生约定的情形时，可以依照协议约定终止交易，并按净额对协议项下的全部交易盈亏进行结算。

依照前款规定进行的净额结算，不因交易任何一方依法进入破产程序而中止、无效或者撤销。

不因交易任何一方依法进入破产程序而中止、无效或者撤销。

第三十六条【交易报告库】

国务院授权的部门、国务院期货监督管理机构应当建立衍生品交易报告库，对衍生品交易标的、规模、对手方等信息进行集中收集、保存、分析和管理，并按照规定及时向市场披露有关信息。具体办法由国务院授权的部门、国务院期货监督管理机构规定。

场外衍生品交易往往是"一对一"协商，交易信息一般只有交易对手方掌握。建立衍生品交易报告库制度有利于提高衍生品市场的信息透明度，防范系统性风险。

第三十七条【集中结算】

衍生品交易，由国务院授权的部门或者国务院期货监督管理机构批准的结算机构作为中央对手方进行集中结算的，可以依法进行终止净额结算；结算财产应当优先用于结算和交割，不得被查封、冻结、扣押或者强制执行；在结算和交割完成前，任何人不得动用。

依法进行的集中结算，不因参与结算的任何一方依法进入破产程序而中止、无效或者撤销。

不行，我已经许下了誓言，我正在进行集中结算，不因破产程序而中止、无效或者撤销。
老板，咱们破产了！你快把钱拿回来吧！

第三十八条【授权规定】

对衍生品交易及相关活动进行规范和监督管理的具体办法，由国务院依照本法的原则规定。

第三章　期货结算与交割

第三十九条【当日无负债结算制度】

期货交易实行当日无负债结算制度。在期货交易场所规定的时间，期货结算机构应当在当日按照结算价对结算参与人进行结算；结算参与人应当根据期货结算机构的结算结果对交易者进行结算。结算结果应当在当日及时通知结算参与人和交易者。

当日无负债结算，又称逐日盯市，是指在期货交易场所规定的时间，期货结算机构按照结算价计算结算参与人所有合约的盈亏、保证金及手续费、税金等费用，对应收应付的款项实行净额一次划转，相应增加或者减少结算参与人的结算准备金；结算参与人再根据期货结算机构的结算结果对交易者进行结算。当日无负债结算制度是期货交易的基础制度之一，对于防范信用风险具有重要意义。

股票市场每日仅对盈亏进行计算，不进行资金实际划转，在卖出持仓之前都是浮盈浮亏。而在期货市场的当日无负债结算制度下，不仅每日计算交易盈亏，而且进行资金实际划转。

结算结果应当在当日及时通知结算参与人和交易者。

第四十条【保证金专户存放】

期货结算机构、结算参与人收取的保证金、权利金等，应当与其自有资金分开，按照国务院期货监督管理机构的规定，在期货保证金存管机构专户存放，分别管理，禁止违规挪用。

【法律责任】第一百三十四条 期货经营机构违反本法第四十条、第六十二条、第六十五条、第六十八条、第七十一条、第七十二条的，责令改正，给予警告，没收违法所得，并处以违法所得一倍以上十倍以下的罚款；没有违法所得或者违法所得不足二十万元的，处以二十万元以上二百万元以下的罚款；情节严重的，责令停业整顿或者吊销期货业务许可证。对直接负责的主管人员和其他直接责任人员给予警告，并处以五万元以上五十万元以下的罚款。

期货经营机构有前款所列违法情形，给交易者造成损失的，应当依法承担赔偿责任。

期货经营机构的主要股东、实际控制人或者其他关联人违反本法第七十一条规定的，依照本条第一款的规定处罚。

【法律责任】第一百三十七条 期货交易场所、期货结算机构违反本法第十七条、第四十条、第八十五条第二款规定的，责令改正，给予警告，没收违法所得，并处以违法所得一倍以上十倍以下的罚款；没有违法所得或者违法所得不足二十万元的，处以二十万元以上二百万元以下的罚款；情节严重的，责令停业整顿。对直接负责的主管人员和其他直接责任人员处以五万元以上五十万元以下的罚款。

为了保障交易者的资金安全，期货保证金实行封闭管理，只能在期货公司保证金账户、期货公司在存管银行的专用资金账户、期货公司在期货结算机构的资金账户之间划转。

第四十一条【保证金不足】

结算参与人的保证金不符合期货结算机构业务规则规定标准的，期货结算机构应当按照业务规则的规定通知结算参与人在规定时间内追加保证金或者自行平仓；结算参与人未在规定时间内追加保证金或者自行平仓的，通知期货交易场所强行平仓。

交易者的保证金不符合结算参与人与交易者约定标准的，结算参与人应当按照约定通知交易者在约定时间内追加保证金或者自行平仓；交易者未在约定时间内追加保证金或者自行平仓的，按照约定强行平仓。

以有价证券等作为保证金，期货结算机构、结算参与人按照前两款规定强行平仓的，可以对有价证券等进行处置。

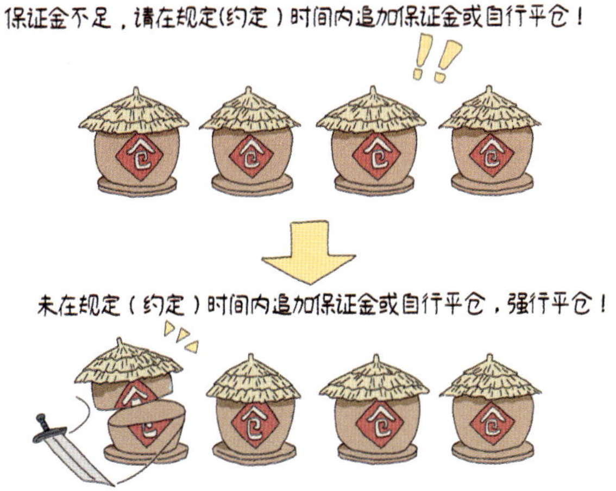

强行平仓是指期货结算机构对结算参与人或者结算参与人对交易者的部分或全部持仓进行反向的对冲平仓操作。强行平仓能够释放被合约占用的保证金，直至保证金能够覆盖所有未平仓合约。

以有价证券等作为保证金，期货结算机构、结算参与人按照规定强行平仓的，可以对有价证券等进行处置。

第四十二条【结算违约处理】

结算参与人在结算过程中违约的，期货结算机构按照业务规则动用结算参与人的保证金、结算担保金以及结算机构的风险准备金、自有资金等完成结算；期货结算机构以其风险准备金、自有资金等完成结算的，可以依法对该结算参与人进行追偿。

交易者在结算过程中违约的，其委托的结算参与人按照合同约定动用该交易者的保证金以及结算参与人的风险准备金和自有资金完成结算；结算参与人以其风险准备金和自有资金完成结算的，可以依法对该交易者进行追偿。

本法所称结算担保金，是指结算参与人以自有资金向期货结算机构缴纳的，用于担保履约的资金。

结算参与人在结算过程中违约的，期货结算机构按照业务规则动用结算参与人的保证金、结算担保金以及结算机构的风险准备金、自有资金等完成结算。

期货结算机构以其风险准备金、自有资金等完成结算的，可以依法对该结算参与人进行追偿。

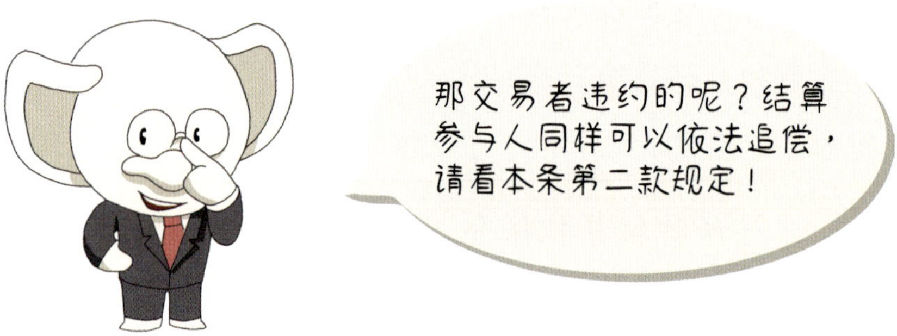

结算担保金，是指结算参与人以自有资金向期货结算机构缴纳的，用于担保履约的资金。

第四十三条【结算交割财产安全】

期货结算机构依照其业务规则收取和提取的保证金、权利金、结算担保金、风险准备金等资产，应当优先用于结算和交割，不得被查封、冻结、扣押或者强制执行。

在结算和交割完成之前，任何人不得动用用于担保履约和交割的保证金、进入交割环节的交割财产。

依法进行的结算和交割，不因参与结算的任何一方依法进入破产程序而中止、无效或者撤销。

开杠环节：round 1

round 2

round 3

依法进行的结算和交割，不因参与结算的任何一方依法进入破产程序而中止、无效或者撤销。

本条有关结算和交割资产安全保护的规定，确立了期货交易履约优先的重要原则，同时也是对结算最终性的保障，旨在确保期货结算和交割的顺利完成，防范期货交易风险扩散，避免造成系统性风险。

通过对进入结算和交割环节的保证金和交割财产进行法律保护，能够最大限度地避免因个别违约给整个结算体系带来损失和风险，保障期货市场的安全平稳运行，体现了系统性风险重要于个别信用风险的理念。

第四十四条【交割与行权】

期货合约到期时，交易者应当通过实物交割或者现金交割，了结到期未平仓合约。

在标准化期权合约规定的时间，合约的买方有权以约定的价格买入或者卖出标的物，或者按照约定进行现金差价结算，合约的卖方应当按照约定履行相应的义务。标准化期权合约的行权，由期货结算机构组织进行。

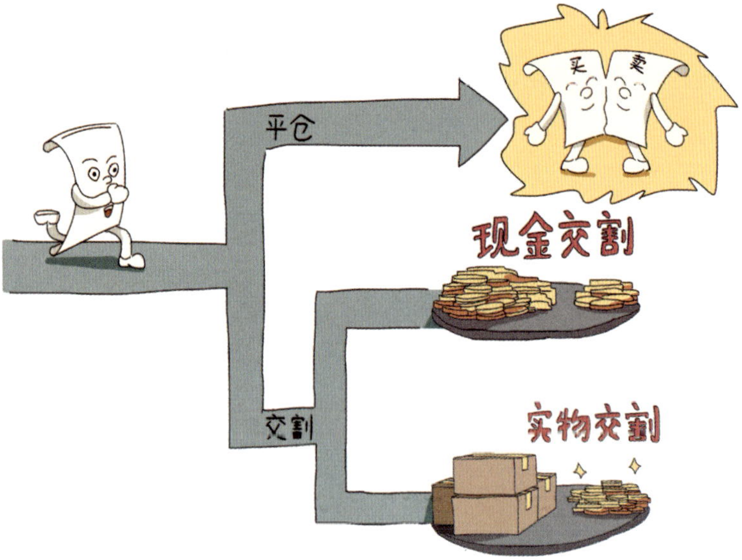

期货合约了结的方式包括交割和平仓。交割又包括实物交割和现金交割。

第四十五条【交割方式与标准仓单】

期货合约采取实物交割的，由期货结算机构负责组织货款与标准仓单等合约标的物权利凭证的交付。

期货合约采取现金交割的，由期货结算机构以交割结算价为基础，划付持仓双方的盈亏款项。

本法所称标准仓单，是指交割库开具并经期货交易场所登记的标准化提货凭证。

实物交割中，期货结算机构负责组织货款与标准仓单等合约标的物权利凭证的交付。

标准仓单，是指交割库开具并经期货交易场所登记的标准化提货凭证。期货交易场所是标准仓单的登记部门，依法确定期货交易标准仓单对应商品的权属，同时供当事人查询。

期权合约项下双方当事人之间的权利义务在某种程度上有一定的不对称性。期权买方支付权利金后，有权在规定的时间内以约定的价格买入或者卖出标的物，或者按照约定的结算价格进行现金差价结算，这就是期权买方的行权。而期权卖方在收取权利金后，则有义务配合履行，这就是期权卖方的履约。

第四十六条【实物交割】

期货交易的实物交割在期货交易场所指定的交割库、交割港口或者其他符合期货交易场所要求的地点进行。实物交割不得限制交割总量。采用标准仓单以外的单据凭证或者其他方式进行实物交割的，期货交易场所应当明确规定交割各方的权利和义务。

期货交易的实物交割在期货交易场所指定的交割库、交割港口或者其他符合期货交易场所要求的地点进行。

实物交割不得限制交割总量。

第四十七条【交割违约】

结算参与人在交割过程中违约的，期货结算机构有权对结算参与人的标准仓单等合约标的物权利凭证进行处置。

交易者在交割过程中违约的，结算参与人有权对交易者的标准仓单等合约标的物权利凭证进行处置。

买方交割违约是指在规定交割期限内未解付货款或解付不足；

卖方交割违约是指在规定交割期限内未交付有效标准仓单或未履行其他形式的交付义务。

我违约了！标准仓
单被处置！

第四十八条［分级结算］

不符合结算参与人条件的期货经营机构可以委托结算参与人代为其客户进行结算。不符合结算参与人条件的期货经营机构与结算参与人、交易者之间的权利义务关系，参照本章关于结算参与人与交易者之间权利义务的规定执行。

全员结算制度，是指期货交易所全体会员均为结算会员，可以直接与期货结算机构进行结算。

分级结算制度是指期货交易所会员中只有一部分会员具有直接与期货结算机构进行结算的资格，期货结算机构只对具有结算资格的会员进行结算，期货经营机构是非结算会员的，可以委托结算会员代为其客户结算。目前，中国金融期货交易所实行分级结算，其他期货交易所实行全员结算。

第四章　期货交易者

第四十九条【期货交易者的定义】

期货交易者是指依照本法从事期货交易，承担交易结果的自然人、法人和非法人组织。

期货交易者从事期货交易，除国务院期货监督管理机构另有规定外，应当委托期货经营机构进行。

期货交易者从事期货交易，应当委托期货经营机构进行。

第五十条【交易者适当性】

期货经营机构向交易者提供服务时，应当按照规定充分了解交易者的基本情况、财产状况、金融资产状况、交易知识和经验、专业能力等相关信息；如实说明服务的重要内容，充分揭示交易风险；提供与交易者上述状况相匹配的服务。

交易者在参与期货交易和接受服务时，应当按照期货经营机构明示的要求提供前款所列真实信息。拒绝提供或者未按照要求提供信息的，期货经营机构应当告知其后果，并按照规定拒绝提供服务。

期货经营机构违反第一款规定导致交易者损失的，应当承担相应的赔偿责任。

【法律责任】第一百二十五条 期货经营机构违反本法第五十条交易者适当性管理规定，或者违反本法第六十六条规定从事经纪业务接受交易者全权委托，或者有第七十八条损害交易者利益行为的，责令改正，给予警告，没收违法所得，并处以违法所得一倍以上十倍以下的罚款；没有违法所得或者违法所得不足五十万元的，处以五十万元以上五百万元以下的罚款；情节严重的，吊销相关业务许可。对直接负责的主管人员和其他直接责任人员给予警告，并处以二十万元以上二百万元以下的罚款。

期货经营机构有本法第七十八条规定的行为，给交易者造成损失的，应当依法承担赔偿责任。

期货经营机构应当"了解客户"，履行说明义务和风险提示义务。

第五十一条【交易者的分类】

根据财产状况、金融资产状况、交易知识和经验、专业能力等因素，交易者可以分为普通交易者和专业交易者。专业交易者的标准由国务院期货监督管理机构规定。

普通交易者与期货经营机构发生纠纷的，期货经营机构应当证明其行为符合法律、行政法规以及国务院期货监督管理机构的规定，不存在误导、欺诈等情形。期货经营机构不能证明的，应当承担相应的赔偿责任。

专业交易者的标准由《证券期货投资者适当性管理办法》进行规定。期货和衍生品法对普通交易者给予"特殊保护"，如举证责任倒置、强制调解等。

第五十二条【内部控制制度和风险控制制度】

参与期货交易的法人和非法人组织，应当建立与其交易合约类型、规模、目的等相适应的内部控制制度和风险控制制度。

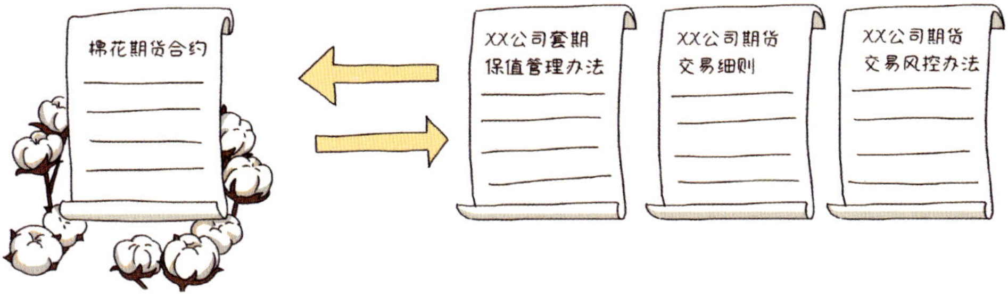

第五十三条【禁止参与期货交易的人员】

期货经营机构、期货交易场所、期货结算机构的从业人员，国务院期货监督管理机构、期货业协会的工作人员，以及法律、行政法规和国务院期货监督管理机构规定禁止参与期货交易的其他人员，不得进行期货交易。

【法律责任】第一百三十一条 法律、行政法规和国务院期货监督管理机构规定禁止参与期货交易的人员，违反本法第五十三条的规定，直接或者以化名、借他人名义参与期货交易的，责令改正，给予警告，没收违法所得，并处以五万元以上五十万元以下的罚款；属于国家工作人员的，还应当依法给予处分。

第五十四条【交易者的查询权】

交易者有权查询其委托记录、交易记录、保证金余额、与其接受服务有关的其他重要信息。

第五十五条【交易者信息保护】

期货经营机构、期货交易场所、期货结算机构、期货服务机构及其工作人员应当依法为交易者的信息保密，不得非法买卖、提供或者公开交易者的信息。

期货经营机构、期货交易场所、期货结算机构、期货服务机构及其工作人员不得泄露所知悉的商业秘密。

第五十六条［纠纷调解机制］

交易者与期货经营机构等发生纠纷的，双方可以向行业协会等申请调解。普通交易者与期货经营机构发生期货业务纠纷并提出调解请求的，期货经营机构不得拒绝。

第五十七条【代表人诉讼】

交易者提起操纵市场、内幕交易等期货民事赔偿诉讼时，诉讼标的是同一种类，且当事人一方人数众多的，可以依法推选代表人进行诉讼。

第五十八条【期货交易者保障基金】

国家设立期货交易者保障基金。期货交易者保障基金的筹集、管理和使用的具体办法，由国务院期货监督管理机构会同国务院财政部门制定。

期货交易者保障基金是在期货公司出现严重违法违规或者风险控制不力等情况导致保证金出现缺口，可能严重危及社会稳定和期货市场安全时，补偿交易者保证金损失的专项基金。

第五章　期货经营机构

第五十九条【期货经营机构】

期货经营机构是指依照《中华人民共和国公司法》和本法设立的期货公司以及国务院期货监督管理机构核准从事期货业务的其他机构。

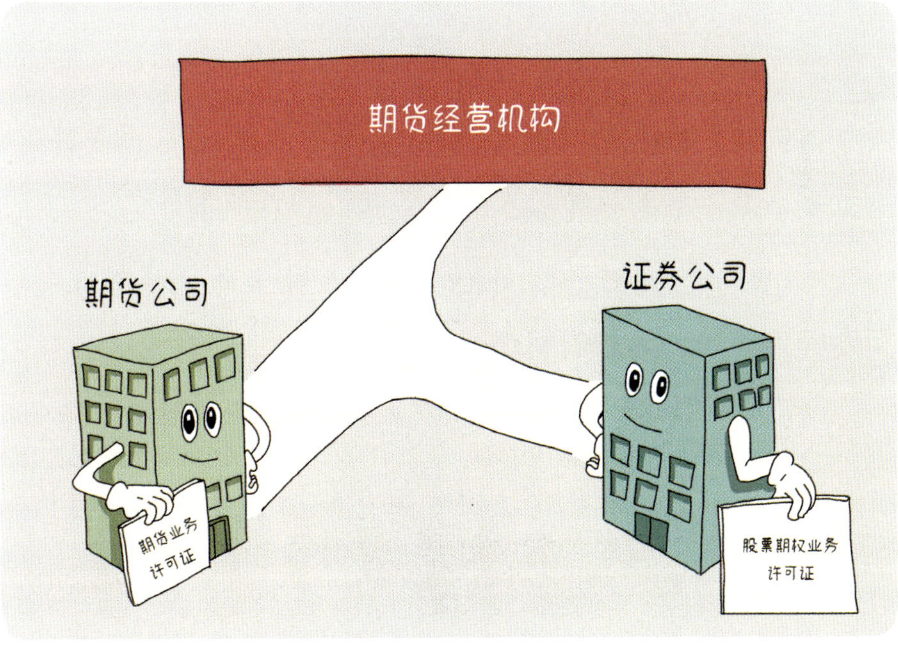

第六十条【期货公司的设立条件】

设立期货公司，应当具备下列条件，并经国务院期货监督管理机构核准：

（一）有符合法律、行政法规规定的公司章程；

（二）主要股东及实际控制人具有良好的财务状况和诚信记录，净资产不低于国务院期货监督管理机构规定的标准，最近三年无重大违法违规记录；

（三）注册资本不低于人民币一亿元，且应当为实缴货币资本；

（四）从事期货业务的人员符合本法规定的条件，董事、监事和高级管理人员具备相应的任职条件；

（五）有良好的公司治理结构、健全的风险管理制度和完善的内部控制制度；

（六）有合格的经营场所、业务设施和信息技术系统；

（七）法律、行政法规和国务院期货监督管理机构规定的其他条件。

国务院期货监督管理机构根据审慎监管原则和各项业务的风险程度，可以提高注册资本最低限额。

国务院期货监督管理机构应当自受理期货公司设立申请之日起六个月内依照法定条件、法定程序和审慎监管原则进行审查，作出核准或者不予核准的决定，并通知申请人；不予核准的，应当说明理由。

【法律责任】第一百三十二条 非法设立期货公司，或者未经核准从事相关期货业务的，予以取缔，没收违法所得，并处以违法所得一倍以上十倍以下的罚款；没有违法所得或者违法所得不足一百万元的，处以一百万元以上一千万元以下的罚款。对直接负责的主管人员和其他直接责任人员给予警告，并处以二十万元以上二百万元以下的罚款。

【法律责任】第一百三十三条 提交虚假申请文件或者采取其他欺诈手段骗取期货公司设立许可、重大事项变更核准或者期货经营机构期货业务许可的，撤销相关许可，没收违法所得，并处以违法所得一倍以上十倍以下的罚款；没有违法所得或者违法所得不足二十万元的，处以二十万元以上二百万元以下的罚款。对直接负责的主管人员和其他直接责任人员给予警告，并处以二十万元以上二百万元以下的罚款。

设立期货公司，应当具备一定的条件，并经国务院期货监督管理机构核准。

第六十一条【期货公司的命名】

期货公司应当在其名称中标明“期货”字样，国务院期货监督管理机构另有规定的除外。

第六十二条【核准事项】

期货公司办理下列事项，应当经国务院期货监督管理机构核准：

（一）合并、分立、停业、解散或者申请破产；

（二）变更主要股东或者公司的实际控制人；

（三）变更注册资本且调整股权结构；

（四）变更业务范围；

（五）国务院期货监督管理机构规定的其他重大事项。

前款第三项、第五项所列事项，国务院期货监督管理机构应当自受理申请之日起二十日内作出核准或者不予核准的决定；前款所列其他事项，国务院期货监督管理机构应当自受理申请之日起六十日内作出核准或者不予核准的决定。

【法律责任】第一百三十四条 期货经营机构违反本法第四十条、第六十二条、第六十五条、第六十八条、第七十一条、第七十二条的，责令改正，给予警告，没收违法所得，并处以违法所得一倍以上十倍以下的罚款；没有违法所得或者违法所得不足二十万元的，处以二十万元以上二百万元以下的罚款；情节严重的，责令停业整顿或者吊销期货业务许可证。对直接负责的主管人员和其他直接责任人员给予警告，并处以五万元以上五十万元以下的罚款。

期货经营机构有前款所列违法情形，给交易者造成损失的，应当依法承担赔偿责任。

期货经营机构的主要股东、实际控制人或者其他关联人违反本法第七十一条规定的，依照本条第一款的规定处罚。

第六十三条【期货公司业务】

期货公司经国务院期货监督管理机构核准可以从事下列期货业务：

（一）期货经纪；

（二）期货交易咨询；

（三）期货做市交易；

（四）其他期货业务。

期货公司从事资产管理业务的，应当符合《中华人民共和国证券投资基金法》等法律、行政法规的规定。

未经国务院期货监督管理机构核准，任何单位和个人不得设立或者变相设立期货公司，经营或者变相经营期货经纪业务、期货交易咨询业务，也不得以经营为目的使用“期货”、“期权”或者其他可能产生混淆或者误导的名称。

【法律责任】第一百三十二条 非法设立期货公司，或者未经核准从事相关期货业务的，予以取缔，没收违法所得，并处以违法所得一倍以上十倍以下的罚款；没有违法所得或者违法所得不足一百万元的，处以一百万元以上一千万元以下的罚款。对直接负责的主管人员和其他直接责任人员给予警告，并处以二十万元以上二百万元以下的罚款。

期货经纪业务是指期货公司接受交易者委托，为交易者进行期货交易，交易结果由交易者承担的活动。

期货交易咨询业务是指为交易者提供期货交易分析、预测或者建议等直接或者间接有偿咨询服务的活动。

做市业务是指为指定期货、期权品种的合约提供双边报价的活动。通过做市交易，可以为市场提供流动性、提供交易机会、促进形成合理价格。

未经国务院期货监督管理机构核准，任何单位和个人不得以经营为目的使用“期货”、“期权”或者其他可能产生混淆或者误导的名称。

第六十四条【期货公司董监高任职要求】

期货公司的董事、监事、高级管理人员，应当正直诚实、品行良好，熟悉期货法律、行政法规，具有履行职责所需的经营管理能力。期货公司任免董事、监事、高级管理人员，应当报国务院期货监督管理机构备案。

有下列情形之一的，不得担任期货公司的董事、监事、高级管理人员：

（一）存在《中华人民共和国公司法》规定的不得担任公司董事、监事和高级管理人员的情形；

（二）因违法行为或者违纪行为被解除职务的期货经营机构的董事、监事、高级管理人员，或者期货交易场所、期货结算机构的负责人，自被解除职务之日起未逾五年；

（三）因违法行为或者违纪行为被吊销执业证书或者被取消资格的注册会计师、律师或者其他期货服务机构的专业人员，自被吊销执业证书或者被取消资格之日起未逾五年。

第六十五条【经营规范】

期货经营机构应当依法经营，勤勉尽责，诚实守信。期货经营机构应当建立健全内部控制制度，采取有效隔离措施，防范经营机构与客户之间、不同客户之间的利益冲突。

期货经营机构应当将其期货经纪业务、期货做市交易业务、资产管理业务和其他相关业务分开办理，不得混合操作。

期货经营机构应当依法建立并执行反洗钱制度。

【法律责任】第一百三十四条 期货经营机构违反本法第四十条、第六十二条、第六十五条、第六十八条、第七十一条、第七十二条的，责令改正，给予警告，没收违法所得，并处以违法所得一倍以上十倍以下的罚款；没有违法所得或者违法所得不足二十万元的，处以二十万元以上二百万元以下的罚款；情节严重的，责令停业整顿或者吊销期货业务许可证。对直接负责的主管人员和其他直接责任人员给予警告，并处以五万元以上五十万元以下的罚款。

期货经营机构有前款所列违法情形，给交易者造成损失的，应当依法承担赔偿责任。

期货经营机构的主要股东、实际控制人或者其他关联人违反本法第七十一条规定的，依照本条第一款的规定处罚。

期货经营机构岗位权限与职责分工应当相互独立与制衡，以防范公司与客户之间、不同客户之间的利益冲突。各项业务应当分开办理，不得混合操作。

洗钱会构成经济犯罪，期货经营机构应当依法建立并执行反洗钱制度。

第六十六条【期货经营机构的经纪业务】

期货经营机构接受交易者委托为其进行期货交易，应当签订书面委托合同，以自己的名义为交易者进行期货交易，交易结果由交易者承担。

期货经营机构从事经纪业务，不得接受交易者的全权委托。

【法律责任】第一百三十五条 期货经营机构违反本法第五十条交易者适当性管理规定，或者违反本法第六十六条规定从事经纪业务接受交易者全权委托，或者有第七十八条损害交易者利益行为的，责令改正，给予警告，没收违法所得，并处以违法所得一倍以上十倍以下的罚款；没有违法所得或者违法所得不足五十万元的，处以五十万元以上五百万元以下的罚款；情节严重的，吊销相关业务许可。对直接负责的主管人员和其他直接责任人员给予警告，并处以二十万元以上二百万元以下的罚款。

期货经营机构有本法第七十八条规定的行为，给交易者造成损失的，应当依法承担赔偿责任。

期货经纪的法律性质为传统民法中的行纪，行纪人以自己的名义为委托人从事贸易活动，结果由委托人承担，委托人支付报酬。

期货经营机构不得接受交易者的全权委托。

第六十七条［公平对待客户资产］

期货经营机构从事资产管理业务，接受客户委托，运用客户资产进行投资的，应当公平对待所管理的不同客户资产，不得违背受托义务。

期货经营机构应当公平对待所管理的不同客户的资产。

第六十八条［不得违规担保］

期货经营机构不得违反规定为其股东、实际控制人或者股东、实际控制人的关联人提供融资或者担保，不得违反规定对外担保。

【法律责任】第一百三十四条 期货经营机构违反本法第四十条、第六十二条、第六十五条、第六十八条、第七十一条、第七十二条的，责令改正，给予警告，没收违法所得，并处以违法所得一倍以上十倍以下的罚款；没有违法所得或者违法所得不足二十万元的，处以二十万元以上二百万元以下的罚款；情节严重的，责令停业整顿或者吊销期货业务许可证。对直接负责的主管人员和其他直接责任人员给予警告，并处以五万元以上五十万元以下的罚款。

期货经营机构有前款所列违法情形，给交易者造成损失的，应当依法承担赔偿责任。

期货经营机构的主要股东、实际控制人或者其他关联人违反本法第七十一条规定的，依照本条第一款的规定处罚。

第六十九条【期货业务从业人员的要求】

期货经营机构从事期货业务的人员应当正直诚实、品行良好，具备从事期货业务所需的专业能力。

期货经营机构从事期货业务的人员不得私下接受客户委托从事期货交易。

期货经营机构从事期货业务的人员在从事期货业务活动中，执行所属的期货经营机构的指令或者利用职务违反期货交易规则的，由所属的期货经营机构承担全部责任。

第七十条［持续性经营规则］

国务院期货监督管理机构应当制定期货经营机构持续性经营规则，对期货经营机构及其分支机构的经营条件、风险管理、内部控制、保证金存管、合规管理、风险监管指标、关联交易等方面作出规定。期货经营机构应当符合持续性经营规则。

持续性经营规则贯彻落实了国务院“加强和规范事中事后监管”的要求。本条列举了持续性经营规则的主要内容，但并不仅限于此，因此授权国务院期货监督管理机构制定规则，以满足随着期货经营机构发展而日益丰富的持续性经营规则的内涵。

第七十一条【信息报送要求】

期货经营机构应当按照规定向国务院期货监督管理机构报送业务、财务等经营管理信息和资料。国务院期货监督管理机构有权要求期货经营机构及其主要股东、实际控制人、其他关联人在指定的期限内提供有关信息、资料。

期货经营机构及其主要股东、实际控制人或者其他关联人向国务院期货监督管理机构报送或者提供的信息、资料，应当真实、准确、完整。

第七十二条【重大事件报告】

期货经营机构涉及重大诉讼、仲裁，股权被冻结或者用于担保，以及发生其他重大事件时，应当自该事件发生之日起五日内向国务院期货监督管理机构提交书面报告。

期货经营机构的控股股东或者实际控制人应当配合期货经营机构履行前款规定的义务。

【法律责任】第一百三十四条　期货经营机构违反本法第四十条、第六十二条、第六十五条、第六十八条、第七十一条、第七十二条的，责令改正，给予警告，没收违法所得，并处以违法所得一倍以上十倍以下的罚款；没有违法所得或者违法所得不足二十万元的，处以二十万元以上二百万元以下的罚款；情节严重的，责令停业整顿或者吊销期货业务许可证。对直接负责的主管人员和其他直接责任人员给予警告，并处以五万元以上五十万元以下的罚款。

期货经营机构有前款所列违法情形，给交易者造成损失的，应当依法承担赔偿责任。

期货经营机构的主要股东、实际控制人或者其他关联人违反本法第七十一条规定的，依照本条第一款的规定处罚。

第七十三条【经营风险监管与处置措施】

期货经营机构不符合持续性经营规则或者出现经营风险的，国务院期货监督管理机构应当责令其限期改正；期货经营机构逾期未改正的，或者其行为严重危及该期货经营机构的稳健运行、损害交易者合法权益的，或者涉嫌严重违法违规正在被国务院期货监督管理机构调查的，国务院期货监督管理机构可以区别情形，对其采取下列措施：

（一）限制或者暂停部分业务；

（二）停止核准新增业务；

（三）限制分配红利，限制向董事、监事、高级管理人员支付报酬、提供福利；

（四）限制转让财产或者在财产上设定其他权利；

（五）责令更换董事、监事、高级管理人员或者有关业务部门、分支机构的负责人员，或者限制其权利；

（六）限制期货经营机构自有资金或者风险准备金的调拨和使用；

（七）认定负有责任的董事、监事、高级管理人员为不适当人选；

（八）责令负有责任的股东转让股权，限制负有责任的股东行使股东权利。

对经过整改符合有关法律、行政法规规定以及持续性经营规则要求的期货经营机构，国务院期货监督管理机构应当自验收完毕之日起三日内解除对其采取的有关措施。

对经过整改仍未达到持续性经营规则要求，严重影响正常经营的期货经营机构，国务院期货监督管理机构有权撤销其部分或者全部期货业务许可、关闭其部分或者全部分支机构。

期货经营机构逾期未改正的；
或者行为严重危及其稳健运行、损害交易者合法权益的；
或者涉嫌严重违法违规正在被调查的：
停止核准新增业务
限制转让财产或者在财产上设定其他权利
限制或者暂停部分业务
期货经营机构
……
限制分配红利

经整改仍未达到要求，严重影响正常经营的期货经营机构：
撤销其部分或者全部期货业务许可
关闭其部分或者全部分支机构
期货经营机构

第七十四条【重大风险监管与处置】

期货经营机构违法经营或者出现重大风险，严重危害期货市场秩序、损害交易者利益的，国务院期货监督管理机构可以对该期货经营机构采取责令停业整顿、指定其他机构托管或者接管等监督管理措施。

期货经营机构有前款所列情形，经国务院期货监督管理机构批准，可以对该期货经营机构直接负责的董事、监事、高级管理人员和其他直接责任人员采取以下措施：

（一）决定并通知出境入境管理机关依法阻止其出境；

（二）申请司法机关禁止其转移、转让或者以其他方式处分财产，或者在财产上设定其他权利。

第七十五条【虚假出资、抽逃出资处置】

期货经营机构的股东有虚假出资、抽逃出资行为的，国务院期货监督管理机构应当责令其限期改正，并可责令其转让所持期货经营机构的股权。

在股东依照前款规定的要求改正违法行为、转让所持期货经营机构的股权前，国务院期货监督管理机构可以限制其股东权利。

第七十六条【业务许可的注销】

期货经营机构有下列情形之一的，国务院期货监督管理机构应当依法办理相关业务许可证注销手续：

（一）营业执照被依法吊销；

（二）成立后无正当理由超过三个月未开始营业，或者开业后无正当理由停业连续三个月以上；

（三）主动提出注销申请；

（四）《中华人民共和国行政许可法》和国务院期货监督管理机构规定应当注销行政许可的其他情形。

期货经营机构在注销相关业务许可证前，应当结清相关期货业务，并依法返还交易者的保证金和其他资产。

第七十七条【期货经营机构审计】

国务院期货监督管理机构认为必要时，可以委托期货服务机构对期货经营机构的财务状况、内部控制状况、资产价值进行审计或者评估。具体办法由国务院期货监督管理机构会同有关主管部门制定。

第七十八条【期货经营机构禁止性行为】

禁止期货经营机构从事下列损害交易者利益的行为：

（一）向交易者作出保证其资产本金不受损失或者取得最低收益承诺；

（二）与交易者约定分享利益、共担风险；

（三）违背交易者委托进行期货交易；

（四）隐瞒重要事项或者使用其他不正当手段，诱骗交易者交易；

（五）以虚假或者不确定的重大信息为依据向交易者提供交易建议；

（六）向交易者提供虚假成交回报；

（七）未将交易者交易指令下达到期货交易场所；

（八）挪用交易者保证金；

（九）未依照规定在期货保证金存管机构开立保证金账户，或者违规划转交易者保证金；

（十）利用为交易者提供服务的便利，获取不正当利益或者转嫁风险；

（十一）其他损害交易者权益的行为。

【法律责任】第一百三十五条 期货经营机构违反本法第五十条交易者适当性管理规定，或者违反本法第六十六条规定从事经纪业务接受交易者全权委托，或者有第七十八条损害交易者利益行为的，责令改正，给予警告，没收违法所得，并处以违法所得一倍以上十倍以下的罚款；没有违法所得或者违法所得不足五十万元的，处以五十万元以上五百万元以下的罚款；情节严重的，吊销相关业务许可。对直接负责的主管人员和其他直接责任人员给予警告，并处以二十万元以上二百万元以下的罚款。

期货经营机构有本法第七十八条规定的行为，给交易者造成损失的，应当依法承担赔偿责任。

第六章　期货交易场所

第七十九条【法律属性】

期货交易场所应当遵循社会公共利益优先原则，为期货交易提供场所和设施，组织和监督期货交易，维护市场的公平、有序和透明，实行自律管理。

期货交易场所具有公益性、法定性和自律性的法律属性。

为期货交易提供场所和设施，组织和监督期货交易，实行自律管理，维护市场公平、有序和透明，是法律对期货交易场所履职尽责的基本要求。

第八十条［批准事项］

设立、变更和解散期货交易所，应当由国务院期货监督管理机构批准。

设立期货交易所应当制定章程。期货交易所章程的制定和修改，应当经国务院期货监督管理机构批准。

【法律责任】第一百三十六条 违反本法第十一条、第八十条、第九十二条规定，非法设立期货交易场所、期货结算机构，或者以其他形式组织期货交易的，没收违法所得，并处以违法所得一倍以上十倍以下的罚款；没有违法所得或者违法所得不足一百万元的，处以一百万元以上一千万元以下的罚款。对直接负责的主管人员和其他直接责任人员给予警告，并处以二十万元以上二百万元以下的罚款。非法设立期货交易场所的，由县级以上人民政府予以取缔。

违反本法第三十条规定，未经批准组织开展衍生品交易的，或者金融机构违反本法第三十一条规定，未经批准、核准开展衍生品交易的，依照前款规定处罚。

听说我的死对头刘、关、张在期货市场上混得风生水起，老夫干脆自立门户设立一家交易所，可好？
当然不行，期货交易所的设立、变更和解散，都必须经过国务院期货监督管理机构批准。设立期货交易所必须制定章程，制定和修改章程也要经过国务院期货监督管理机构的批准。

第八十一条【期货交易所的名称】

期货交易所应当在其名称中标明“商品交易所”或者“期货交易所”等字样。其他任何单位或者个人不得使用期货交易所或者其他可能产生混淆或者误导的名称。

除了批准设立的期货交易所，其他单位或者个人都不能用“期货交易所”、“期权交易所”或者“衍生品交易所”等其他可能产生混淆或者误导的名称。

第八十二条【期货交易所组织形式】

期货交易所可以采取会员制或者公司制的组织形式。

会员制期货交易所的组织机构由其章程规定。

会员制期货交易所的权力机构是会员大会，由全体会员组成。公司制期货交易所的权力机构是股东大会，由全体股东组成。目前，上海期货交易所、郑州商品交易所和大连商品交易所是会员制期货交易所，中国金融期货交易所和广州期货交易所是公司制期货交易所。

第八十三条【期货交易所业务规则】

期货交易所依照法律、行政法规和国务院期货监督管理机构的规定，制定有关业务规则；其中交易规则的制定和修改应当报国务院期货监督管理机构批准。

期货交易所业务规则应当体现公平保护会员、交易者等市场相关各方合法权益的原则。

在期货交易所从事期货交易及相关活动，应当遵守期货交易所依法制定的业务规则。违反业务规则的，由期货交易所给予纪律处分或者采取其他自律管理措施。

交易者及从事期货交易相关活动的当事人应当遵守期货交易所依法制定的业务规则，这是一项法定义务。违反业务规则的，期货交易所有权给予纪律处分或者采取其他自律管理措施。

交易规则是期货交易所最基本的业务规则，其制定与修改须报国务院期货监督管理机构批准。

第八十四条【期货交易所负责人】

期货交易所的负责人由国务院期货监督管理机构提名或者任免。

有《中华人民共和国公司法》规定的不适合担任公司董事、监事、高级管理人员的情形或者下列情形之一的，不得担任期货交易所的负责人:

（一）因违法行为或者违纪行为被解除职务的期货经营机构的董事、监事、高级管理人员，或者期货交易场所、期货结算机构的负责人，自被解除职务之日起未逾五年;

（二）因违法行为或者违纪行为被吊销执业证书或者被取消资格的注册会计师、律师或者其他期货服务机构的专业人员，自被吊销执业证书或者被取消资格之日起未逾五年。

期货交易所的负责人由国务院期货监督管理机构提名或者任免。

第八十五条【期货交易场所职责】

期货交易场所应当依照本法和国务院期货监督管理机构的规定，加强对交易活动的风险控制和对会员以及交易场所工作人员的监督管理，依法履行下列职责：

（一）提供交易的场所、设施和服务；

（二）设计期货合约、标准化期权合约品种，安排期货合约、标准化期权合约品种上市；

（三）对期货交易进行实时监控和风险监测；

（四）依照章程和业务规则对会员、交易者、期货服务机构等进行自律管理；

（五）开展交易者教育和市场培育工作；

（六）国务院期货监督管理机构规定的其他职责。

期货交易场所不得直接或者间接参与期货交易。未经国务院批准，期货交易场所不得从事信托投资、股票投资、非自用不动产投资等与其职责无关的业务。

【法律责任】第一百三十七条 期货交易场所、期货结算机构违反本法第十七条、第四十条、第八十五条第二款规定的，责令改正，给予警告，没收违法所得，并处以违法所得一倍以上十倍以下的罚款；没有违法所得或者违法所得不足二十万元的，处以二十万元以上二百万元以下的罚款；情节严重的，责令停业整顿。对直接负责的主管人员和其他直接责任人员处以五万元以上五十万元以下的罚款。

提供交易的场所、设施和服务。

设计期货合约、标准化期权合约品种，安排期货合约、标准化期权合约品种上市。

对期货交易进行实时监控和风险监测。

依照章程和业务规则对会员、交易者、期货服务机构等进行自律管理。

开展交易者教育和市场培育工作。

期货交易场所不得直接或者间接参与期货交易。未经国务院批准，期货交易场所不得从事信托投资、股票投资、非自用不动产投资等与其职责无关的业务。

第八十六条【期货交易所的收益】

期货交易所的所得收益按照国家有关规定管理和使用，应当首先用于保证期货交易的场所、设施的运行和改善。

期货交易所的所得收益一般来源于提供期货交易场所、设施和服务的过程中收取的费用，如手续费、席位费及其他业务收入，这部分收益应当首先用于保证期货交易场所和设施的正常运行和改善。

第八十七条【风险监测与紧急措施】

期货交易场所应当加强对期货交易的风险监测，出现异常情况的，期货交易场所可以依照业务规则，单独或者会同期货结算机构采取下列紧急措施，并立即报告国务院期货监督管理机构：

（一）调整保证金；

（二）调整涨跌停板幅度；

（三）调整会员、交易者的交易限额或持仓限额标准；

（四）限制开仓；

（五）强行平仓；

（六）暂时停止交易；

（七）其他紧急措施。

异常情况消失后，期货交易场所应当及时取消紧急措施。

出现异常情况的，期货交易场所可以依照业务规则，单独或者会同期货结算机构采取上述紧急措施，并立即报告国务院期货监督管理机构，异常情况消失后，期货交易场所应当及时取消紧急措施。

第八十八条【期货交易信息】

期货交易场所应当实时公布期货交易即时行情，并按交易日制作期货市场行情表，予以公布。

期货交易行情的权益由期货交易场所享有。未经期货交易场所许可，任何单位和个人不得发布期货交易行情。

期货交易场所不得发布价格预测信息。

期货交易场所应当依照国务院期货监督管理机构的规定，履行信息报告义务。

【法律责任】第一百三十八条 期货交易场所、期货结算机构违反本法第八十八条第三款规定发布价格预测信息的，责令改正，给予警告，并处以二十万元以上二百万元以下的罚款。对直接负责的主管人员和其他直接责任人员处以五万元以上五十万元以下的罚款。

期货交易场所负有实时公布期货交易即时行情的义务，并享有期货交易行情的权益。

第八十九条【突发性事件】

因突发性事件影响期货交易正常进行时，为维护期货交易正常秩序和市场公平，期货交易场所可以按照本法和业务规则规定采取必要的处置措施，并应当及时向国务院期货监督管理机构报告。

因前款规定的突发性事件导致期货交易结果出现重大异常，按交易结果进行结算、交割将对期货交易正常秩序和市场公平造成重大影响的，期货交易场所可以按照业务规则采取取消交易等措施，并应当及时向国务院期货监督管理机构报告并公告。

交易所按照业务规则采取取消交易等措施的，除及时向国务院期货监督管理机构报告外，还应当向市场公告。

第九十条【责任豁免】

期货交易场所对其依照本法第八十七条、第八十九条规定采取措施造成的损失，不承担民事赔偿责任，但存在重大过错的除外。

第七章　期货结算机构

第九十一条［法律属性］

期货结算机构是指依法设立，为期货交易提供结算、交割服务，实行自律管理的法人。

期货结算机构包括内部设有结算部门的期货交易场所、独立的期货结算机构和经国务院期货监督管理机构批准从事与证券业务相关的期货交易结算、交割业务的证券结算机构。

我国期货结算机构主要有三种组织形式：一是内部设有结算部门的期货交易场所；二是独立于期货交易场所的期货结算机构；三是经批准从事与证券业务相关的期货交易结算、交割业务的证券结算机构。

第九十二条【设立、变更和解散】

独立的期货结算机构的设立、变更和解散，应当经国务院期货监督管理机构批准。

设立独立的期货结算机构，应当具备下列条件：

（一）具备良好的财务状况，注册资本最低限额符合国务院期货监督管理机构的规定；

（二）有具备任职专业知识和业务工作经验的高级管理人员；

（三）具备完善的治理结构、内部控制制度和风险控制制度；

（四）具备符合要求的营业场所、信息技术系统以及与期货交易的结算有关的其他设施；

（五）国务院期货监督管理机构规定的其他条件。

承担期货结算机构职责的期货交易场所，应当具备本条第二款规定的条件。

国务院期货监督管理机构应当根据审慎监管原则进行审查，在六个月内作出批准或者不予批准的决定。

【法律责任】第一百三十六条 违反本法第十一条、第八十条、第九十二条规定，非法设立期货交易场所、期货结算机构，或者以其他形式组织期货交易的，没收违法所得，并处以违法所得一倍以上十倍以下的罚款；没有违法所得或者违法所得不足一百万元的，处以一百万元以上一千万元以下的罚款。对直接负责的主管人员和其他直接责任人员给予警告，并处以二十万元以上二百万元以下的罚款。非法设立期货交易场所的，由县级以上人民政府予以取缔。

违反本法第三十条规定，未经批准组织开展衍生品交易的，或者金融机构违反本法第三十一条规定，未经批准、核准开展衍生品交易的，依照前款规定处罚。

设立独立的期货结算机构应当满足法定的条件，并经国务院期货监督管理机构批准。

第九十三条【中央对手方】

期货结算机构作为中央对手方，是结算参与人共同对手方，进行净额结算，为期货交易提供集中履约保障。

第九十四条【期货结算机构职责】

期货结算机构履行下列职责：

（一）组织期货交易的结算、交割；

（二）按照章程和业务规则对交易者、期货经营机构、期货服务机构、非期货经营机构结算参与人等进行自律管理；

（三）办理与期货交易的结算、交割有关的信息查询业务；

（四）国务院期货监督管理机构规定的其他职责。

组织期货交易的结算、交割。

开展自律管理。

办理与期货交易的结算、交割有关的信息查询业务。

第九十五条【期货结算机构业务规则】

期货结算机构应当按照国务院期货监督管理机构的规定，在其业务规则中规定结算参与人制度、风险控制制度、信息安全管理制度、违规违约处理制度、应急处理及临时处置措施等事项。期货结算机构制定和修改章程、业务规则，应当经国务院期货监督管理机构批准。参与期货结算，应当遵守期货结算机构制定的业务规则。

期货结算机构制定和执行业务规则，应当与期货交易场所的相关制度衔接、协调。

参与期货结算，应当遵守期货结算机构制定的业务规则。

第九十六条【流动性管理制度】

期货结算机构应当建立流动性管理制度，保障结算活动的稳健运行。

为应对期货市场出现的结算风险，期货结算机构有必要建立流动性管理制度。

第九十七条【条款适用】

本法第八十四条，第八十五条第二款，第八十六条，第八十八条第三款、第四款的规定，适用于独立的期货结算机构和经批准从事期货交易结算、交割业务的证券结算机构。

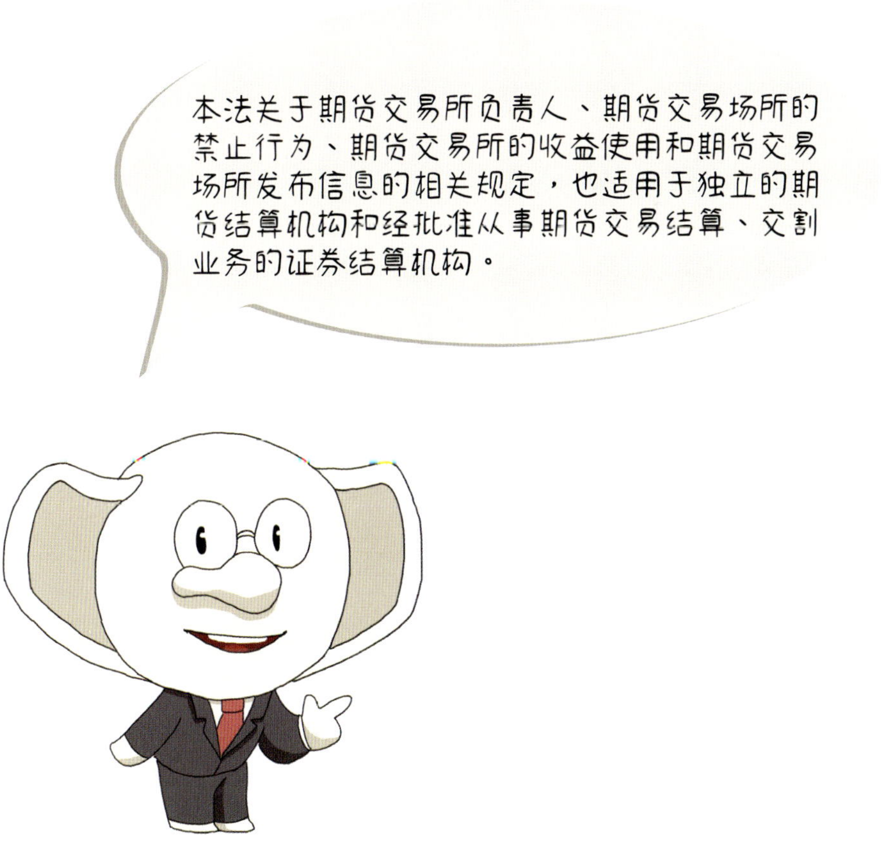

第八章　期货服务机构

第九十八条【期货服务机构的一般要求】

会计师事务所、律师事务所、资产评估机构、期货保证金存管机构、交割库、信息技术服务机构等期货服务机构，应当勤勉尽责、恪尽职守，按照相关业务规则为期货交易及相关活动提供服务，并按照国务院期货监督管理机构的要求提供相关资料。

【法律责任】第一百三十九条 期货服务机构违反本法第九十八条的规定，从事期货服务业务未按照要求提供相关资料的，责令改正，可以处二十万元以下的罚款。

期货服务机构按照相关业务规则为期货交易及相关活动提供服务，并按照国务院期货监督管理机构的要求提供相关资料。

第九十九条【核查验证义务】

会计师事务所、律师事务所、资产评估机构等期货服务机构接受期货经营机构、期货交易场所、期货结算机构的委托出具审计报告、法律意见书等文件，应当对所依据的文件资料内容的真实性、准确性、完整性进行核查和验证。

【法律责任】第一百四十条 会计师事务所、律师事务所、资产评估机构等期货服务机构违反本法第九十九条的规定，未勤勉尽责，所制作、出具的文件有虚假记载、误导性陈述或者重大遗漏的，责令改正，没收业务收入，并处以业务收入一倍以上十倍以下的罚款；没有业务收入或者业务收入不足五十万元的，处以五十万元以上五百万元以下的罚款。对直接负责的主管人员和其他直接责任人员给予警告，并处以二十万元以上二百万元以下的罚款。

期货服务机构有前款所列违法行为，给他人造成损失的，依法承担赔偿责任。

会计师事务所工作人员

期货服务机构在提供服务时，应当建立核查和验证制度，对其制作、出具文件所依据的文件资料内容的真实性、准确性、完整性进行核查和验证，防止其制作、出具的文件有虚假记载、误导性陈述或者重大遗漏等。

第一百条【交割库】

交割库包括交割仓库和交割厂库等。交割库为期货交易的交割提供相关服务，应当符合期货交易场所规定的条件。期货交易场所应当与交割库签订协议，明确双方的权利和义务。

交割库不得有下列行为：

（一）出具虚假仓单；

（二）违反期货交易场所的业务规则，限制交割商品的出库、入库；

（三）泄露与期货交易有关的商业秘密；

（四）违反国家有关规定参与期货交易；

（五）违反国务院期货监督管理机构规定的其他行为。

【法律责任】第一百四十一条 交割库有本法第一百条所列行为之一的，责令改正，给予警告，没收违法所得，并处以违法所得一倍以上十倍以下的罚款；没有违法所得或者违法所得不足十万元的，处以十万元以上一百万元以下的罚款；情节严重的，责令期货交易场所暂停或者取消其交割库资格。对直接负责的主管人员和其他直接责任人员给予警告，并处以五万元以上五十万元以下的罚款。

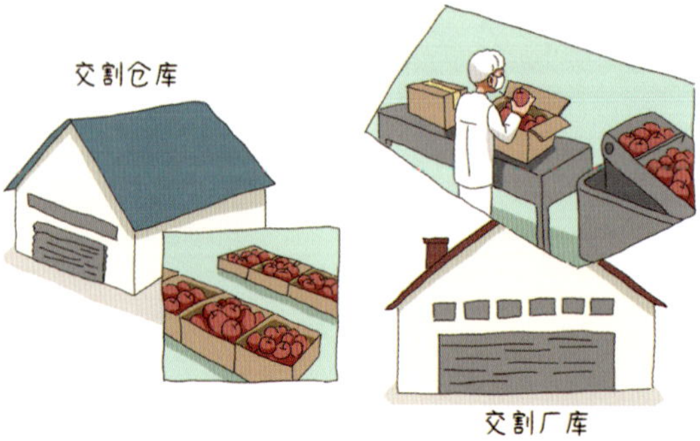

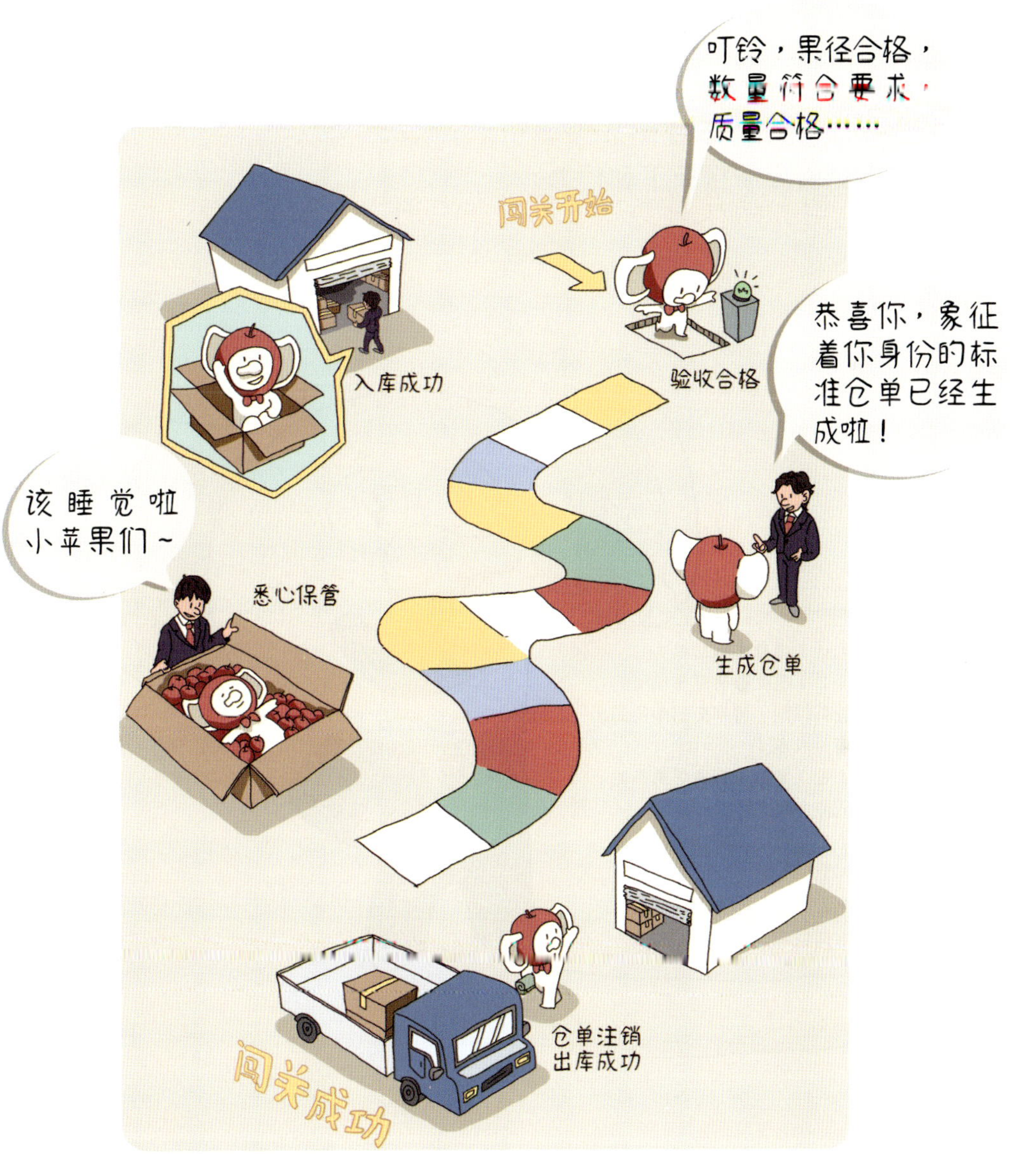

交割仓库按照“入库（查验数量）—验收（查验质量）—生成仓单—仓储—注销仓单—出库”的流程提供服务。

交割库不得有下列行为：
（一）出具虚假仓单；
（二）违反期货交易场所的业务规则，限制交割商品的出库、入库；
（三）泄露与期货交易有关的商业秘密；
（四）违反国家有关规定参与期货交易；
（五）违反国务院期货监督管理机构规定的其他行为。

第一百零一条【信息技术服务机构】

为期货交易及相关活动提供信息技术系统服务的机构，应当符合国家及期货行业信息安全相关的技术管理规定和标准，并向国务院期货监督管理机构备案。

国务院期货监督管理机构可以依法要求信息技术服务机构提供前款规定的信息技术系统的相关材料。

【法律责任】第一百四十二条 信息技术服务机构违反本法第一百零一条规定未报备案的，责令改正，可以处二十万元以下的罚款。

信息技术服务机构违反本法第一百零一条规定，提供的服务不符合国家及期货行业信息安全相关的技术管理规定和标准的，责令改正，没收业务收入，并处以业务收入一倍以上十倍以下的罚款；没有业务收入或者业务收入不足五十万元的，处以五十万元以上五百万元以下的罚款。对直接负责的主管人员和其他直接责任人员给予警告，并处以二十万元以上二百万元以下的罚款。

××软件
××交易系统
××信息技术服务

××软件
××交易系统
××信息技术服务
信息安全
已备案，符合标准。

第九章　期货业协会

第一百零二条【期货业协会与会员】

期货业协会是期货行业的自律性组织，是社会团体法人。

期货经营机构应当加入期货业协会。期货服务机构可以加入期货业协会。

期货业协会是期货行业的自律性组织，是社会团体法人。

期货经营机构应当加入期货业协会。期货服务机构可以加入期货业协会。

第一百零三条【治理结构】

期货业协会的权力机构为会员大会。

期货业协会的章程由会员大会制定，并报国务院期货监督管理机构备案。

期货业协会设理事会。理事会成员依照章程的规定选举产生。

第一百零四条【职责范围】

期货业协会履行下列职责：

（一）制定和实施行业自律规则，监督、检查会员的业务活动及从业人员的执业行为，对违反法律、行政法规、国家有关规定、协会章程和自律规则的，按照规定给予纪律处分或者实施其他自律管理措施；

（二）对会员之间、会员与交易者之间发生的纠纷进行调解；

（三）依法维护会员的合法权益，向国务院期货监督管理机构反映会员的建议和要求；

（四）组织期货从业人员的业务培训，开展会员间的业务交流；

（五）教育会员和期货从业人员遵守期货法律法规和政策，组织开展行业诚信建设，建立行业诚信激励约束机制；

（六）开展交易者教育和保护工作，督促会员落实交易者适当性管理制度，开展期货市场宣传；

（七）对会员的信息安全工作实行自律管理，督促会员执行国家和行业信息安全相关规定和技术标准；

（八）组织会员就期货行业的发展、运作及有关内容进行研究，收集整理、发布期货相关信息，提供会员服务，组织行业交流，引导行业创新发展；

（九）期货业协会章程规定的其他职责。

第十章　监督管理

第一百零五条【监督管理职责】

国务院期货监督管理机构依法对期货市场实行监督管理，维护期货市场公开、公平、公正，防范系统性风险，维护交易者合法权益，促进期货市场健康发展。

国务院期货监督管理机构在对期货市场实施监督管理中，依法履行下列职责：

（一）制定有关期货市场监督管理的规章、规则，并依法进行审批、核准、注册，办理备案；

（二）对品种的上市、交易、结算、交割等期货交易及相关活动，进行监督管理；

（三）对期货经营机构、期货交易场所、期货结算机构、期货服务机构和非期货经营机构结算参与人等市场相关参与者的期货业务活动，进行监督管理；

（四）制定期货从业人员的行为准则，并监督实施；

（五）监督检查期货交易的信息公开情况；

（六）维护交易者合法权益、开展交易者教育；

（七）对期货违法行为进行查处；

（八）监测监控并防范、处置期货市场风险；

（九）对期货行业金融科技和信息安全进行监管；

（十）对期货业协会的自律管理活动进行指导和监督；

（十一）法律、行政法规规定的其他职责。

国务院期货监督管理机构根据需要可以设立派出机构，依照授权履行监督管理职责。

中国证监会作为国务院设立的期货监督管理机构，对期货市场实行集中统一监管。同时，考虑到我国幅员辽阔，为有效履行日常监管职责，中国证监会可以授权派出机构履行监管职责。

第一百零六条【执法措施】

国务院期货监督管理机构依法履行职责，有权采取下列措施：

（一）对期货经营机构、期货交易场所、期货结算机构进行现场检查，并要求其报送有关的财务会计、业务活动、内部控制等资料；

（二）进入涉嫌违法行为发生场所调查取证；

（三）询问当事人和与被调查事件有关的单位和个人，要求其对与被调查事件有关的事项作出说明，或者

要求其按照指定的方式报送与被调查事件有关的文件和资料;

（四）查阅、复制与被调查事件有关的财产权登记、通讯记录等文件和资料;

（五）查阅、复制当事人和与被调查事件有关的单位和个人的期货交易记录、财务会计资料及其他相关文件和资料;对可能被转移、隐匿或者毁损的文件资料,可以予以封存、扣押;

（六）查询当事人和与被调查事件有关的单位和个人的保证金账户和银行账户以及其他具有支付、托管、结算等功能的账户信息,可以对有关文件和资料进行复制;对有证据证明已经或者可能转移或者隐匿违法资金等涉案财产或者隐匿、伪造、毁损重要证据的,经国务院期货监督管理机构主要负责人或者其授权的其他负责人批准,可以冻结、查封,期限为六个月;因特殊原因需要延长的,每次延长期限不得超过三个月,最长期限不得超过二年;

（七）在调查操纵期货市场、内幕交易等重大违法行为时,经国务院期货监督管理机构主要负责人或者其授权的其他负责人批准,可以限制被调查事件当事人的交易，但限制的时间不得超过三个月；案情复杂的，可以延长三个月；

（八）决定并通知出境入境管理机关依法阻止涉嫌违法人员、涉嫌违法单位的主管人员和其他直接责任人员出境。

为防范期货市场风险，维护市场秩序，国务院期货监督管理机构可以采取责令改正、监管谈话、出具警示函等措施。

进入涉嫌违法行为发生场所调查取证。

询问当事人和有关单位、个人。

查阅有关资料。

冻结、查封涉案财产或重要证据。

决定并通知出境入境管理机关依法阻止有关涉案人员出境。

第一百零七条【执法要求】

国务院期货监督管理机构依法履行职责，进行监督检查或者调查，其监督检查、调查的人员不得少于二人，并应当出示执法证件和检查、调查、查询等相关执法文书。监督检查、调查的人员少于二人或者未出示执法证件和有关执法文书的，被检查、调查的单位或者个人有权拒绝。

第一百零八条【监管人员行为规范】

国务院期货监督管理机构的工作人员，应当依法办事，忠于职守，公正廉洁，保守国家秘密和有关当事人的商业秘密，不得利用职务便利牟取不正当利益。

【法律责任】第一百五十二条 国务院期货监督管理机构或者国务院授权的部门的工作人员，不履行本法规定的职责，滥用职权、玩忽职守，利用职务便利牟取不正当利益，或者泄露所知悉的有关单位和个人的商业秘密的，依法追究法律责任。

第一百零九条【配合检查、调查义务】

国务院期货监督管理机构依法履行职责，被检查、调查的单位和个人应当配合，如实作出说明或者提供有关文件和资料，不得拒绝、阻碍和隐瞒。

国务院期货监督管理机构与其他相关部门，应当建立信息共享等监督管理协调配合机制。国务院期货监督管理机构依法履行职责，进行监督检查或者调查时，有关部门应当予以配合。

【法律责任】第一百四十九条 拒绝、阻碍国务院期货监督管理机构或者国务院授权的部门及其工作人员依法行使监督检查、调查职权的，责令改正，处以十万元以上一百万元以下的罚款，并由公安机关依法给予治安管理处罚。

XX银行
应该的，一定全力配合。
谢谢你们的配合！

应该的！我们也想为维护市场平稳、健康运行，保障交易者合法权益出一份力。
再次谢谢你们的信息共享，为查明事实提供了很多帮助。
国务院相关部门

第一百一十条【奖励举报】

对涉嫌期货违法、违规行为，任何单位和个人有权向国务院期货监督管理机构举报。

对涉嫌重大违法、违规行为的实名举报线索经查证属实的，国务院期货监督管理机构按照规定给予举报人奖励。

国务院期货监督管理机构应当对举报人的身份信息保密。

第一百一十一条【监管公开与透明】

国务院期货监督管理机构制定的规章、规则和监督管理工作制度应当依法公开。

国务院期货监督管理机构依据调查结果，对期货违法行为作出的处罚决定，应当依法公开。

第一百一十二条【行政执法当事人承诺制度】

国务院期货监督管理机构对涉嫌期货违法的单位或者个人进行调查期间，被调查的当事人书面申请，承诺在国务院期货监督管理机构认可的期限内纠正涉嫌违法行为，赔偿有关交易者损失，消除损害或者不良影响的，国务院期货监督管理机构可以决定中止调查。被调查的当事人履行承诺的，国务院期货监督管理机构可以决定终止调查；被调查的当事人未履行承诺或者有国务院规定的其他情形的，应当恢复调查。具体办法由国务院规定。

国务院期货监督管理机构中止或者终止调查的，应当按照规定公开相关信息。

行政和解是国际上较为成熟的证券期货执法方式。借鉴境外监管实践，2019年12月28日修订的《证券法》引入证券行政执法当事人承诺制度。2021年10月26日，国务院公布了《证券期货行政执法当事人承诺制度实施办法》。

第一百一十三条【诚信档案】

国务院期货监督管理机构依法将有关期货市场主体遵守本法的情况纳入期货市场诚信档案。

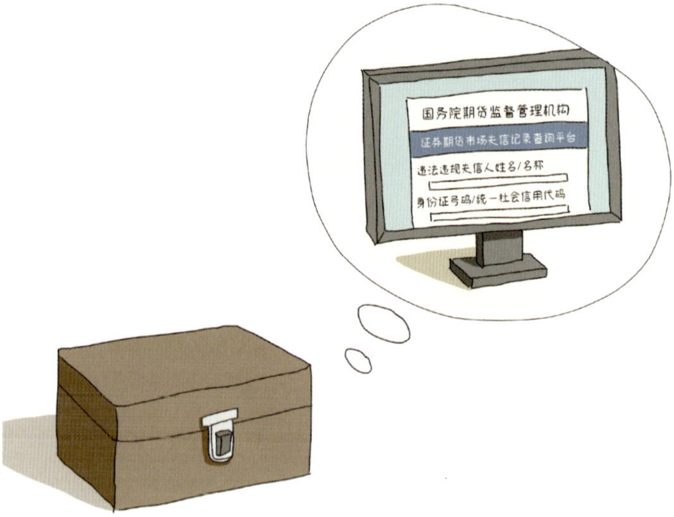

2020年3月20日，中国证监会发布修正后的《证券期货市场诚信监督管理办法》，建立了全国统一的证券期货市场诚信档案数据库，记录证券期货市场诚信信息。

第一百一十四条【涉嫌犯罪案件的移送】

国务院期货监督管理机构依法履行职责，发现期货违法行为涉嫌犯罪的，应当依法将案件移送司法机关处理；发现公职人员涉嫌职务违法或者职务犯罪的，应当依法移送监察机关处理。

第一百一十五条【监测监控制度】

国务院期货监督管理机构应当建立健全期货市场监测监控制度，通过专门机构加强保证金安全存管监控。

第一百一十六条【风险准备金】

为防范交易及结算的风险，期货经营机构、期货交易场所、期货结算机构和非期货经营机构结算参与人应当从业务收入中按照国务院期货监督管理机构、国务院财政部门的规定提取、管理和使用风险准备金。

风险准备金用于防范交易及结算风险、防范期货市场系统性风险。

第一百一十七条【资料保存义务】

期货经营机构、期货交易场所、期货结算机构、期货服务机构和非期货经营机构结算参与人等应当按照规定妥善保存与业务经营相关的资料和信息，任何人不得泄露、隐匿、伪造、篡改或者毁损。期货经营机构、期货交易场所、期货结算机构和非期货经营机构结算参与人的信息和资料的保存期限不得少于二十年；期货服务机构的信息和资料的保存期限不得少于十年。

第十一章　跨境交易与监管协作

第一百一十八条【跨境交易】

境外期货交易场所向境内单位或者个人提供直接接入该交易场所交易系统进行交易服务的，应当向国务院期货监督管理机构申请注册，接受国务院期货监督管理机构的监督管理，国务院期货监督管理机构另有规定的除外。

【法律责任】第一百四十五条 境外期货交易场所和期货经营机构违反本法第一百一十八条和第一百二十条的规定，未向国务院期货监督管理机构申请注册的，责令改正，没收违法所得，并处以违法所得一倍以上十倍以下的罚款；没有违法所得或者违法所得不足五十万元的，处以五十万元以上五百万元以下的罚款。对直接负责的主管人员和其他直接责任人员给予警告，并处以十万元以上一百万元以下的罚款。

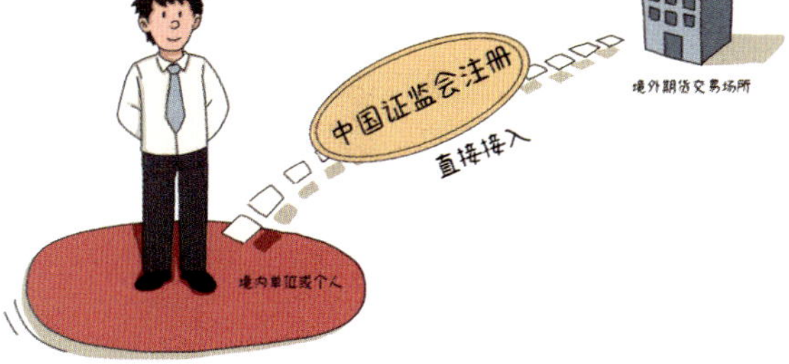

保护境内交易者合法权益。

第一百一十九条【结算价授权】

境外期货交易场所上市的期货合约、期权合约和衍生品合约，以境内期货交易场所上市的合约价格进行挂钩结算的，应当符合国务院期货监督管理机构的规定。

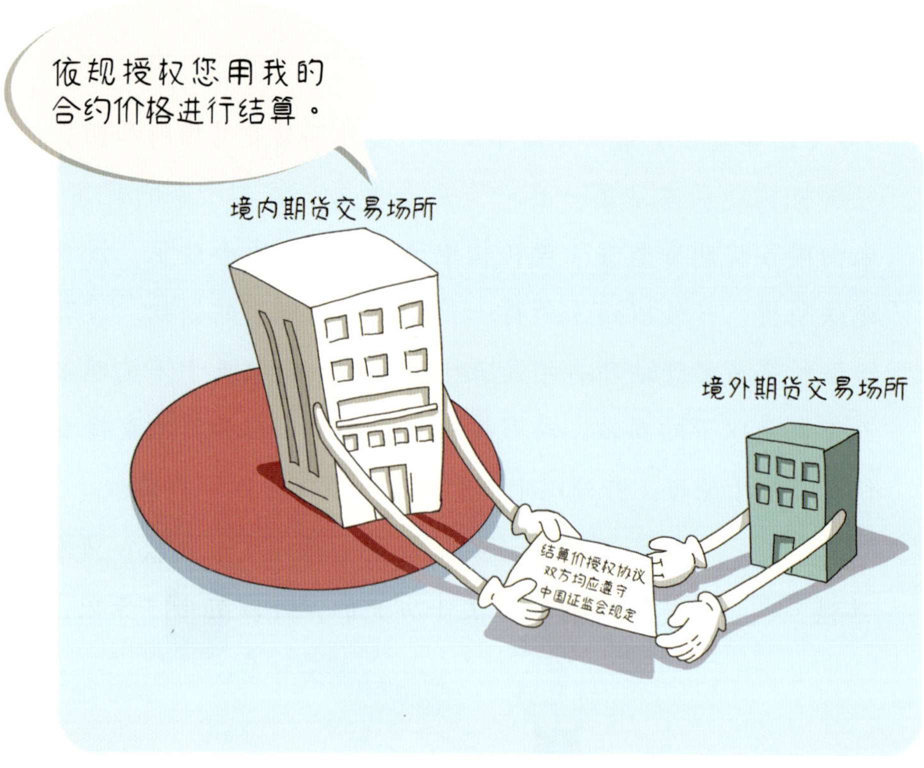

第一百二十条【境内主体参与境外期货交易】

境内单位或者个人从事境外期货交易，应当委托具有境外期货经纪业务资格的境内期货经营机构进行，国务院另有规定的除外。

境内期货经营机构转委托境外期货经营机构从事境外期货交易的，该境外期货经营机构应当向国务院期货监督管理机构申请注册，接受国务院期货监督管理机构的监督管理，国务院期货监督管理机构另有规定的除外。

【法律责任】第一百四十五条 境外期货交易场所和期货经营机构违反本法第一百一十八条和第一百二十条的规定，未向国务院期货监督管理机构申请注册的，责令改正，没收违法所得，并处以违法所得一倍以上十倍以下的罚款；没有违法所得或者违法所得不足五十万元的，处以五十万元以上五百万元以下的罚款。对直接负责的主管人员和其他直接责任人员给予警告，并处以十万元以上一百万元以下的罚款。

第一百四十六条 境内单位或者个人违反本法第一百二十条第一款规定的，责令改正，给予警告，没收违法所得，并处以十万元以上一百万元以下的罚款；情节严重的，暂停其境外期货交易。对直接负责的主管人员和其他直接责任人员给予警告，并处以五万元以上五十万元以下的罚款。

境内单位或者个人从事境外期货交易，应当委托具有境外期货经纪业务资格的境内期货经营机构进行。

境内期货经营机构转委托境外期货经营机构从事境外期货交易的，该境外期货经营机构应当向国务院期货监督管理机构申请注册，接受其监督管理。

第一百二十一条【境外交易场所代表机构】

境外期货交易场所在境内设立代表机构的，应当向国务院期货监督管理机构备案。

境外期货交易场所代表机构及其工作人员，不得从事或者变相从事任何经营活动。

【法律责任】第一百四十七条 境外期货交易场所在境内设立的代表机构及其工作人员违反本法第一百二十一条的规定，从事或者变相从事任何经营活动的，责令改正，给予警告，没收违法所得，并处以违法所得一倍以上十倍以下的罚款；没有违法所得或者违法所得不足五十万元的，处以五十万元以上五百万元以下的罚款。对直接负责的主管人员和其他直接责任人员给予警告，并处以十万元以上一百万元以下的罚款。

第一百二十二条【境外机构境内展业要求】

境外机构在境内从事期货市场营销、推介及招揽活动，应当经国务院期货监督管理机构批准，适用本法的相关规定。

境内机构为境外机构在境内从事期货市场营销、推介及招揽活动，应当经国务院期货监督管理机构批准。

任何单位或者个人不得从事违反前两款规定的期货市场营销、推介及招揽活动。

【法律责任】第一百四十八条 违反本法第一百二十二条的规定在境内从事市场营销、推介及招揽活动的，责令改正，给予警告，没收违法所得，并处以违法所得一倍以上十倍以下的罚款；没有违法所得或者违法所得不足五十万元的，处以五十万元以上五百万元以下的罚款。对直接负责的主管人员和其他直接责任人员给予警告，并处以十万元以上一百万元以下的罚款。

第一百二十三条【跨境监管合作】

国务院期货监督管理机构可以和境外期货监督管理机构建立监督管理合作机制，或者加入国际组织，实施跨境监督管理。

国务院期货监督管理机构应境外期货监督管理机构请求提供协助的，应当遵循国家法律、法规的规定和对等互惠的原则，不得泄露国家秘密，不得损害国家利益和社会公共利益。

国务院期货监督管理机构应境外期货监督管理机构请求提供协助的，要遵守相关规定。
Yes
遵循国家法律、法规和对等互惠原则

No
不得泄露国家秘密，不得损害国家利益，不得损害社会公共利益

第一百二十四条【跨境调查取证】

国务院期货监督管理机构可以按照与境外期货监督管理机构达成的监管合作安排，接受境外期货监督管理机构的请求，依照本法规定的职责和程序为其进行调查取证。境外期货监督管理机构应当提供有关案件材料，并说明其正在就被调查当事人涉嫌违反请求方当地期货法律法规的行为进行调查。境外期货监督管理机构不得在中华人民共和国境内直接进行调查取证等活动。

未经国务院期货监督管理机构和国务院有关主管部门同意，任何单位和个人不得擅自向境外监督管理机构提供与期货业务活动有关的文件和资料。

国务院期货监督管理机构可以依照与境外期货监督管理机构达成的监管合作安排，请求境外期货监督管理机构进行调查取证。

国务院期货监督管理机构可以按照与境外期货监督管理机构达成的监管合作安排，接受境外期货监督管理机构的请求，依照本法规定的职责和程序为其进行调查取证或者请求境外期货监督管理机构进行调查取证。

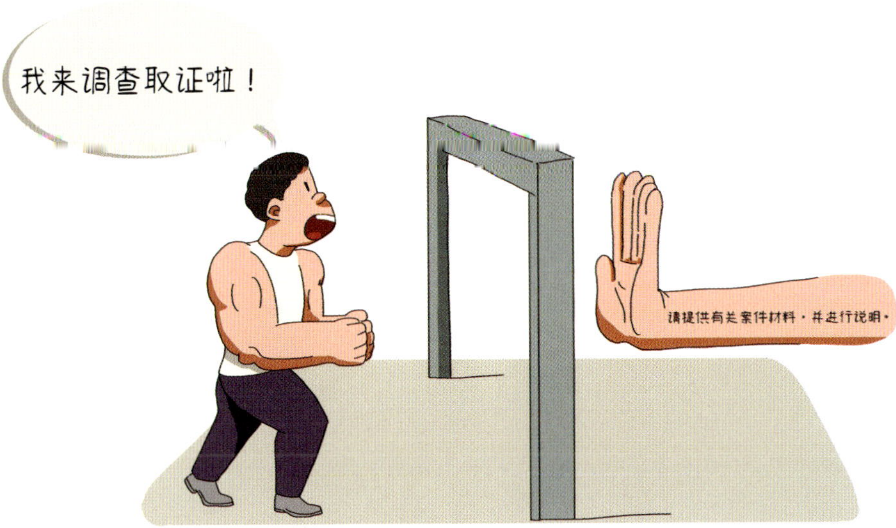

境外期货监督管理机构不得在中华人民共和国境内直接进行调查取证等活动。

针对境外期货监督管理机构的调查取证，未经国务院期货监督管理机构和国务院有关主管部门同意，任何单位和个人不得擅自向其提供与期货业务活动有关的文件和资料。

第十二章　法律责任

朋友们都到哪里去啦？
为方便阅读和全面理解各主体法定义务，第125-149条、第152条法律责任条款已列入各章节对应法定义务规范部分啦！

第一百五十条【期货市场禁入】

违反法律、行政法规或者国务院期货监督管理机构的有关规定，情节严重的，国务院期货监督管理机构可以对有关责任人员采取期货市场禁入的措施。

前款所称期货市场禁入，是指在一定期限内直至终身不得进行期货交易、从事期货业务，不得担任期货经营机构、期货交易场所、期货结算机构的董事、监事、高级管理人员或者负责人的制度。

第一百五十一条【行政处罚权的行使】

本法规定的行政处罚，由国务院期货监督管理机构、国务院授权的部门按照国务院规定的职责分工作出决定；法律、行政法规另有规定的，适用其规定。

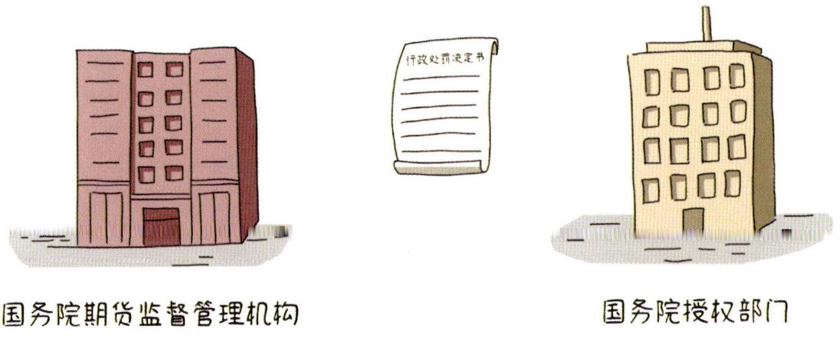

第一百五十三条【刑事责任】

违反本法规定，构成犯罪的，依法追究刑事责任。

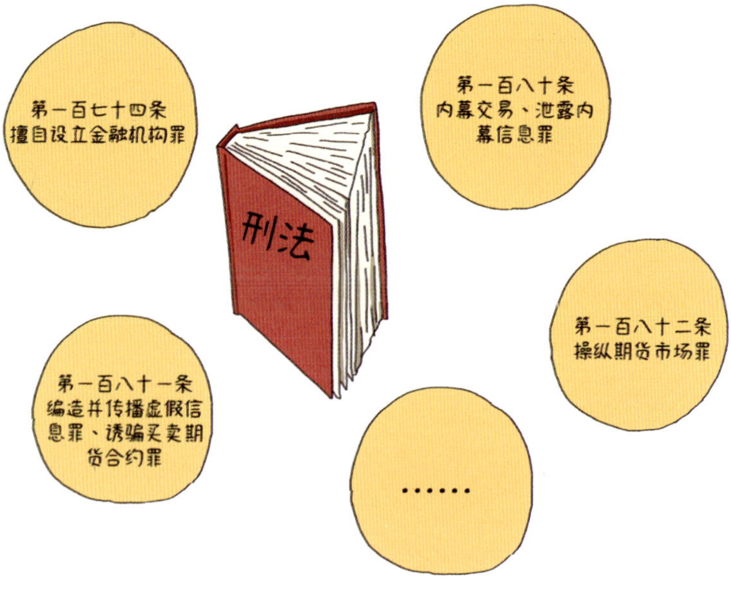

第一百五十四条【民事赔偿优先】

违反本法规定，应当承担民事赔偿责任和缴纳罚款、罚金、违法所得，违法行为人的财产不足以支付的，优先用于承担民事赔偿责任。

第十三章　附则

第一百五十五条【施行时间】

本法自2022年8月1日起施行。

后 记

本书是郑州商品交易所《“漫”话期货和衍生品法》编写组集体智慧的结晶。郑州商品交易所党委书记、理事长熊军为本书作序，总经理鲁东升、副总经理王晓明对本书编写作出具体指导。法律事务部负责具体章节的文本创作，商品一部、期货衍生品部、结算部、交割部、会员管理部参与了创意支持。在本书付梓之际，特别感谢各位领导和部门同事的大力支持。

另外，感谢郑州普瑞德文化传播有限公司对本书设计、排版的辛勤努力，法律出版社编辑严谨而专业的审稿，为本书的顺利出版提供保障。

由于编写具有局限性，书中难免存在疏漏之处，欢迎广大读者批评指正。

2022 年 8 月 1 日